新訂

一枚ポートフォリオ評価

OPPA

一枚の用紙の可能性

TETSUO HORI
堀 哲夫

東洋館出版社

新訂にあたって

本書の旧版が出版されてから、6年が経過しようとしています。旧版の出版にあたっては、私が大学を退職するとき、自分の研究してきた成果をまとめておきたいという強い思いが発端となりました。大変ありがたいことに、OPPA論に関しては、全国のいくつかの総合教育センター、附属学校、SSHなどを始めとして、主として教職大学院生の研究の中に、また教科はもちろん教科外の教育実践にも取り入れられてきました。

さらに、OPPA論を活用した教育実践で、全国の多くの先生方が各種の教育賞を受賞されてきていることも直接あるいは間接に知りました。教育現場で、とりわけ学習者を対象にして使ってくださったことに深く感謝したいと思います。ありがとうございました。

本書に関しては、「はじめに」で述べたように雑務と度重なる引っ越し等に追われ、意を尽くせない部分が多々ありました。私自身、本を作るときはいつもそう思うのですが、とにかくまずは形にすることです。もちろん、多くの読者から支持されれば、それは望外の喜びには違いないのですが、本の中身が優れているか劣っているかは、中身が可視化されて初めて判断されるのです。そのためにも、まずは出版ありきでした。

本書は、晴れて再版を迎えることになりました。今になって思えば、20年以上も前から「資質・能力」に関わる研究を続けてきましたが、当時は見向きもされませんでした。今回の学習指導要領の改訂で「資質・能力の育成」が前面に打ち出され、少しは現代社会におけるその必要性と重要性が認識されてきたことを、とてもうれしく思っています。

新訂にあたって、より読みやすくするために体裁を改め、また部分的な加筆修正を行いました。これによって、少しでもＯＰＰＡ論に対する理解を深めていただければありがたく思います。

また、新訂の出版にあたり、再度、編集部の上野絵美さんに適切かつ的確なるお力添えをいただきました。ここに記して感謝申し上げます。

２０１９年６月１日

堀　哲夫

はじめに

たった一枚の紙で何ができるか。そこに挑戦したい。

私が、教育の研究に取り組むようになってから30年余が経過しました。30年余といっても、とても恥ずかしい話なのですが、大学院の頃は言うに及ばず、就職してからも40歳近くまで何を研究したらよいのか全くわからない状態が長く続いていました。

何を研究したらよいのか、やっと少しはわかるようになったと思ったら、今度は退職の日が時々刻々と迫ってきました。時間は待ってくれません。およそ12年前に開発したOPPA（One Page Portfolio Assessment）論（以下OPPA）は、心ある現場の先生方の協力の下で実践書を三冊ほど出版してきました。しかし、その理論に関わるきちんとした論文や本を、ほとんど書いてこなかったことに数年前に気づいたのです。教育実践において、OPPAは実に多くのところで使われてきたにもかかわらず、です。

しかし、その使用方法を知れば知るほど、開発者の意図するものとは大きく異なっている現実にショックを受けたのも事実です。実際に活用できるものを具体的な事例として示せば、教育実践において理屈はそんなに必要ではないと考えていたことは、きわめて不適切な認識であることを知りました。

とりわけ残念に思われたのは、使う人の独り合点によって利用されるとき、学習者に本来形成され獲得できるはずの資質・能力が身につかない、さらに学習者固有の優れた可能性を引き出せないことです。学習者は、無限の、とは言いすぎかもしれませんが、可能性をもっています。適切な活用の仕方をすれば、ＯＰＰＡは開発者や実践者の想定した能力はもちろん、時にはそれを超えた能力を発揮するときがあります。

やはり、基礎をなしている考え方をていねいに説明しておかなければ、具体的な事例を考えるときにどんどん一人歩きしてしまう危険性がきわめて大きいのです。それが現実に起こっていたというわけです。

もちろん、そのような説明がなくても、開発者の想定の範囲を超えた優れた実践として、ＯＰＰＡが学習者の高次の学力形成を可能にするということも事実であり、それを可能にしてきた先生も私の周りには大勢います。開発者の想定をよい意味で超えることには何の問題もないのですが、否むしろそうであれば理論書など書く必要はありません。どれほどいい加減な性格に生まれついた私であっても、このままほうっておくわけにはいきませんでした。

本書はこのような経緯から構想されたものです。その構想を実現するために、学会発表を毎年行い、勤務する大学の学部紀要や実践センターの紀要に毎年原稿を書いてきました。しかし、これは理由にならないのかもしれませんが、日常生活の雑務に追われ、教職大学院の新設とともにその担当になるという勤務内容と形態の変化への対応等々、身辺の急激な変化は、本の完成をどんどん遅くしていきました。

ともあれ、なんとかして一冊の本にまとめることができたのは、私の身の回りにいる優れた実践家の先生たちの後押しでした。教育の実践に関わる書物は、研究室に閉じこもって理論だけを構築していてもだめで、実践の裏づけがあって初めて利用可能なものとなります。多くの先生たちが実践的に裏づけしてくれたのです。

さらに、いろいろな面で強力な後押しをしてくれたのが京都大学の田中耕治先生であり、西岡加名恵先生でした。とりわけ田中先生には、お声をかけていただき一緒に仕事をさせていただく中で、教育の目的・目標、方法、評価、および学力観などに関して、有形無形の多くのお力添えをいただきました。とてもありがたく、筆舌に尽くしがたいとはまさにこのことです。

本書の成立にもっとも大きな影響を与えたのは、年に一回発行される日本教育学会の英文誌"*Educational Studies in Japan: International Yearbook*"の編集委員会から依頼され執筆した"The Concept and Effectiveness of Teaching Practices Using OPPA"（No.6, December, pp.47-67, 2011）でした。もとより、英語が苦手な筆者にとって、これを書き上げる苦労は並大抵のものではありませんでした。

それに加えて、依頼原稿とはいえ、査読者、とりわけ"English Advisers"からの指摘は、日本と欧米教育の文化の違いを思い知らされ、途方に暮れたことが何度もありました。とにもかくにも、これに取り組むことがＯＰＰＡの考え方をよりよく伝えることのみならず、その理論的背景などについても深く考えるきっかけとなりました。

こうした多くの偶然と必然に恵まれて本書ができ上がりました。ＯＰＰシートには、とてもすばらしい子どもの可能性が数多く表現されています。「次にはどんなことが書かれてくるだろうか」という期待をもって、仕事に取り組んできたことは、とても幸せなことだと言えます。折しも、今年が退職の年にあたり、何か縁のようなものを感じています。

本書の出版にあたっては、紆余曲折を経て、東洋館出版社にお引き受けいただけることになりました。本書の出版に対して懇切丁寧なお力添えをいただいた、東洋館出版社編集部の上野絵美さんに心からお礼申し上げたいと思います。

なお、本書の内容は、序章の学校教育の課題から始まっていますが、ＯＰＰＡが具体的にどう用いられるかとか、その教育効果はどこにあるのかを先に知りたいのであれば、第10章と終章を先に読むことをおすすめします。また、なじみの薄い用語には、最後に簡単な用語解説をつけたので、それを参照しながらお読みいただければと思います。

２０１３年６月１日

堀　哲夫

目次

第５章　第１節
ポートフォリオ評価

☆学習前の本質的な問いによる学習の出発点の明示化（素朴概念の確認）
☆学習履歴を外化し、可視化（学習過程の明確化）
☆学習後の本質的な問いによる学習の成果の明示化（科学的概念の確認）
☆必要最小限の情報を最大限に活用する評価

第５章　第２節
パフォーマンス評価

☆「学習前・後の本質的な問い」「授業の一番大切なこと」はパフォーマンス評価（学習の成果を可視化）
☆「授業の一番大切なこと」がルーブリック（複雑な手続きの簡略化）
☆「授業の一番大切なこと」による学習の成果の確認

第５章　第３節
自己評価

☆「学習前・後の本質的な問い」「学習履歴」全体を見通した上で、可視化された具体的内容を基に自己評価
☆学習内容の確認と価値づけ
☆変容の根拠およびその意味の自覚
☆学ぶ意味・必然性の感得
☆自己効力感の感得

第６章　診断的・形成的・総括的評価

☆学習者が外化し可視化した内容を基にした診断的・形成的・総括的評価
☆既有の知識や考え（素朴概念）の診断的評価
☆思考や認知過程の内化・内省・外化を活用した形成的評価
☆外化し可視化した学習履歴に対する形成的評価
☆学習後の知識や考えの総括的評価

第７章　思考や認知過程の内化・内省・外化

☆教師のフィードバックによる内化・内省
☆「授業の一番大切なこと」を外化し可視化
☆内化・内省・外化のスパイラル化
☆学習による変容の意識化
☆学習目標の意識化
☆学習内容の明確化
☆学習の最近接領域の確認と働きかけ
☆学習態度への働きかけ

第８章　メタ認知の育成

☆メタ認知は思考や認知過程の内化・内省・外化と深く関わっている
☆思考や認知過程の内化・内省・外化のスパイラル化によって育成
☆学習履歴を通して学習目標をプランニング
☆学習履歴をモニタリング
☆学習履歴の価値づけ

第９章　授業前･中･後の教材研究

☆ OPP シートの作成と活用を通して、教師が教育における本質を意識化
☆学習者の外化に対するフィードバックを行い、内化と内省を促進
☆教師の指導目標の間接的な働きかけ
☆教育評価による資質・能力の育成
☆教師用 OPP シートによって、学習履歴と指導履歴のズレを確認
☆教師の力量形成

本書の主な章構成および OPPA の機能

第 1 章　OPPA の定義および概要

☆ OPPA（One Page Portfolio Assessment）は堀が 2002 年に開発
☆ OPPA は、構成主義の考え方に基づく学習・授業観、評価観を前提
☆ OPPA は、教師が作成した OPP シートを利用
☆ OPP シートは、授業の適否、学習状況の把握と働きかけ、資質・能力の育成などを行うために教師が作成する道具
☆一枚の用紙のみ利用（必要最小限の情報を最大限に活用）
☆基本的な要素は、学習前・後の本質的な問い、学習履歴、自己評価

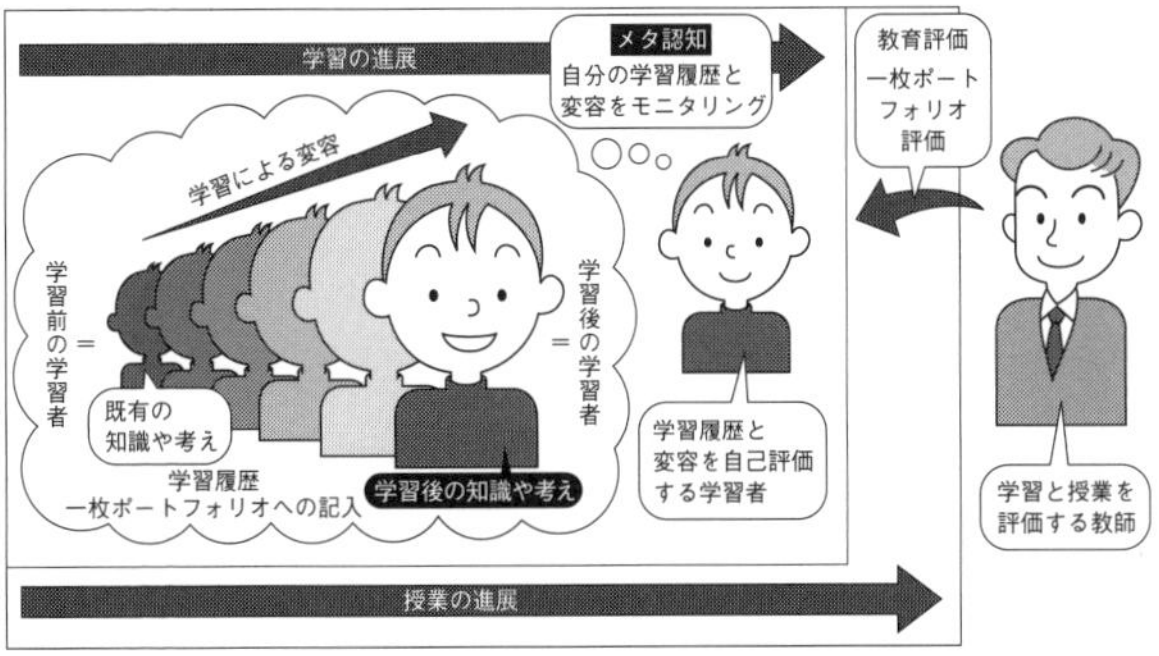

第 2 章
構成主義の考え方に基づく学習および授業

☆人は環境に対して選択的に関わりつつ、固有の意味を構成する
☆知識は個人によって構成される
☆既有の知識や考え（素朴概念）の重視
☆学習による変容の重視
☆素朴概念（整合性、一貫性、文脈依存性、多様性）の克服
☆素朴概念から科学的概念の形成・獲得へ

第 3 章
資質・能力の育成過程を重視した学力モデル

☆学習前・後の単元を貫く本質的な問いは同一
☆学習による変容の基準を明確化
☆学習内容の理解
☆素朴概念との比較と変容の意識化

第 4 章
授業のグランドデザイン

☆思考や認知過程の内化・内省・外化のスパイラル化を通して、学習や授業の評価のみならず、資質・能力の育成を実現するのが授業のグランドデザイン
☆学習指導案と OPP シートは同時に作成し、学習指導案の問題点を克服
☆教師の足場かけを可能にする OPP シート
☆学習者と教師の相互作用を促す OPP シート
☆学習履歴の検討による授業改善

序　章

学習、授業、学力、
教育評価をめぐる
学校教育の課題

一枚ポートフォリオ評価（ＯＰＰＡ：One Page Portfolio Assessment）とは、教師のねらいとする授業の成果を、学習者が一枚の用紙の中に学習前・中・後の履歴として記録し、その全体を学習者自身が自己評価する方法を言います。

本書では、ＯＰＰＡの理論的背景を検討する前に、以下の二点について検討しておきましょう。

①学習、授業、学力、教育評価をめぐる学校教育の課題（学習者の学力や資質・能力の育成に限って）

②学習者の認知構造をどのようにして明らかにしていくのかという課題

認知構造とは、学習者が物事を認識する枠組みとしての構造です。われわれが物事を認識するときには、既有の枠組みにより外界の対象を意味づけ、自分の中に取り入れていきます。学習や授業において、こうした学習者固有の認知構造が可視化されない限り、その実態と働きかけが明確にできません。ここでは、学習者が物事を認識する枠組みである認知構造とブラックボックス（Black Box：暗箱、以下ＢＢと略記）を対比させ、検討してみます。

ＢＢとは、機能は明らかになっているものの、中身がわからない仕組みや状態を言います。本書は、学習者の認知構造がＢＢに相当するという考えのもと、その中身を知ろうとする試みの一つなのです。それは、「なぜOPPAなのか」という問いに迫る一つの方法であると考えられるからです。

第1節　学校教育の課題

休みの日をのぞいて、来る日も来る日も、学校では授業が行われています。毎日行われている授業に関する問題点をあげればきりがありません。しかし、学習者の学力や資質・能力の育成という視点に限ると、課題として以下の五点をあげることができます。

①学習者の資質・能力の育成に関する課題
②資質・能力をどう評価したらよいかという課題
③学ぶ意味、必然性、自己効力感を感得する評価をどう実現するかという課題
④学習者の学力向上のために教師の授業改善をどう行うかという課題
⑤教育評価によって学習者の資質・能力を育てる視点が欠如しているという課題

1. 学習者の資質・能力の育成に関する課題

多くの場合、教師は、学習者に教科書の内容を理解させることに多大な労力を費やし

ています。もちろん、これも授業において教師が果たすべき大切な仕事に違いありません。しかし、それよりももっと重要なのは、学習者の資質・能力を育成することです。なぜならば、新しい知識の獲得や形成は、既有の知識や考えを活用することによって可能になってくると考えられるからです[1]。

学習指導要領の改訂を経て、学習者が考えたり表現したりする場面が授業に多く取り入れられるようになってきました。このこと自体は、資質・能力の育成にとって好ましいことには違いありません。さらに、新しい学習指導要領では、ずばり資質・能力の育成が目標であると位置づけられました。

しかしながら、資質・能力の育成を目標として謳うことはできても、それをどのようにして育成するのかという具体的方法やどのようにして評価するのかということに関して、まだ不明の点が多いと言えます。とりわけ、後者については課題が多いのです。

2．資質・能力をどう評価したらよいかという課題

先に指摘したように、資質・能力の評価に関して、具体的にどうしたらよいのかわからないという声を耳にします。しかしながら、これからは学習者に資質・能力を育成することができる評価が求められています。それに加えて、学習者の評価だけでなく、教師の授業改善につながる評価が必要とされています。しかも、これらを個別に行うので

はなく、同時に行うことができる評価が重要となってくるのです[2)]。

そのためには、まず学習者の既有の知識や考えが、学習によってどのように変容したのかを把握できる評価が求められています。さらに、学習の過程に適切な働きかけを行い、その働きかけの適切性を評価する必要があります。それぞれ別の方法が用いられるのではなく、一つの方法で学習者と授業者の双方が活用できる評価が重要なのです。授業者自身が日常的に活用できる簡便さも求められているでしょう。

要するに、指導の性格を帯びた評価の追究です。これまでに行われてきた評価を繰返していたのでは、学習者の資質・能力を育成することは不可能です。こうした評価の提案はこれまで行われてきていません。本書では、こうした評価の一つの方法を提案します。

3. 学ぶ意味、必然性、自己効力感を感得する評価をどう実現するかという課題

最近の学力調査の結果から、わが国の子どもたちに関する多くの課題が明らかにされてきています。とりわけ、たとえ高い学力であったとしても、学習意欲が低いことや学ぶ意味、必然性、自己効力感を見いだしていないことが問題であると考えられます。諸外国との比較の中で、中学生の理科を学ぶ意欲などは、国際平均値を大きく下回っています[3)]。こうした結果は、嫌々理科を学んでいる生徒の実態を浮かび上がらせています。

「学ぶ意味」の感得とは、学びを通して、その価値や重要性を認識することです。「学ぶ必然性」の感得とは、学ぶ内容などが学習者にとって必要であると認識することです。「自己効力感」は、一般には、与えられた課題をどれだけ適切に処理できるかという自信を言いますが、ここでは学ぶことによる手応えも含めて考えたいと思います。

また、学ぶ意欲の欠如の背景には、たとえば、理科は配当時間の割に学習内容が多すぎるというような課題も明らかになってきます。その結果、じっくり実験を行って確認をしながら内容を理解することが困難になり、ただ詰め込み暗記に頼るという実態も目に浮かんできます。

今求められているのは、多くの学習内容を決められた時間数の中でこなしながら、学ぶ意味を実感させるという難題です。それを克服するためには、教師がなぜその教材でなければならないかという必然性を深く追究し、学習者にそれを示すことが求められています。さらに、学ぶことによって「わかった!」「できた!」という手応えを実感させることも重要です。そのためには、たとえささやかな成長であっても、それを見逃すことなく、具体的内容を伴って可視的に示していくことが求められています。こうした方法は、学習した手応えである自己効力感を得るために必須の要件であると考えられます。

4. 学習者の学力向上のために教師の授業改善をどう行うかという課題

授業評価と改善の目的は、教師の力量形成にあります。教師が力量を形成するということは、よい授業を行うことも含まれており、結果として学習者の学力を向上させることにつながっています。したがって、学習者の学力向上という課題は、教師の授業評価と改善をいかに行うかということに他なりません。

教師が行った授業を評価して改善するためには、多くの場合、他の人に意見を求める、テープに録画し、プロトコルを作成し検討する、などの方法がとられてきました。こうした方法は、どれも授業を実施した本人が一人でその糸口を見つけ出し、具体的な改善にまでつなげていくことが難しいものでした。授業改善は授業者自身が日常的にいつでも行えることが望ましいのです[4]。

しかし、他の人に依存しなければ授業評価や改善が成り立たないのであれば、絶えず改善を行うことが難しくなるので、学習者の学力や資質・能力の向上は望めないことになります。私たちに今求められているのは、授業者自身が簡単に行うことができる授業評価と改善の具体的方法です。

これまでにも、授業評価や改善の一環として多くの方法が提案されてきました。しかし、授業を実施する教師自身が一人で行うことができる具体的方法の提案はほとんど存在しません。

多くの場合、研究授業のように他の人に授業を見てもらって改善することが多いでしょう。また、一人で授業を録画して不適切なところを修正する方法も考えられます。しかし、前者の場合は他の人がいないと実施できないし、後者は録画したものを見ている時間的余裕がない、などの課題があります。授業終了後、簡単に授業評価と改善を一人で行うことができる方法が焦眉の課題となっているのです。

本節であげた上記四点の課題を解決するために開発されたのがOPPAです[5)]。研究課題を解決するためには、一つの課題に対して一つの方法がとられることが多いです。しかし、多忙を極める教育現場では、それが難しいのです。そこで、学習者の資質・能力の育成と教師の授業評価と改善などが同時にできる方法を開発したというわけです。

5．教育評価によって学習者の資質・能力を育てる視点が欠如しているという課題

教育評価の課題の中で最も大きいと考えられるのは、教育評価を通して学習者の資質・能力を育てるという視点の欠如です。この視点は、これまでの教育評価においてほとんど議論されてきていません。いくら指導に生かす評価とか、学習過程の評価ということが強調されても、学習者の学力を育むという趣旨が、結果として生かされていないのです。このことは、何を学力とするかという教育の根幹に深く関わっています。

これまでの評価は、大学入学試験に象徴されるように、所定の教育内容をどれだけ覚

えて理解しているのかということに重点がおかれていました。これからの評価は、学習の過程を評価することはもちろん、それを踏まえて学習者の資質・能力を育てることを目指す必要があります。それが教育評価の本質なのです。

第2節　BBとしての学習者の認知構造を外化する必要性

ところで、学習者は教師や教科書などから与えられる膨大な情報を処理しています。日々行われている学習や授業において、教師の行っている働きかけが学習者にどのように認識されているのか、誰もが知りたいと思うでしょう。

それを具体的に知ることができれば、もっと授業改善が容易になり、その結果として学習者が学習内容を理解することも容易になると考えられるからです。たとえば、学習者の頭の中で認識する過程やその結果をテレビのスクリーンに映し出すことができれば、授業研究に革命が起こると言っても過言ではないでしょう。

ＯＰＰＡは、基本的にはＯＰＰ（One Page Portfolio）シートを用いています。第1章で詳しく説明するＯＰＰシートは、学習者が物事や事象を認識する枠組みである認知構造を可視的に表現し、外化することを目的としています。先にも述べたように、学習者の認知構造は、中身のわからないＢＢと考えることができます。そこでまず、本節ではＯＰＰＡの理論的検討に入る前にＢＢと学習者の認知構造の関係について検討しておきましょう。

1．ＢＢと学習者の認知構造

学習者が学習や授業において、教師が与える情報を学習者が処理する過程は、ＢＢと考えることができます。学習や授業における活動の結果、教師から提示された情報は、学習者によっていったいどのように処理され、保存されているのでしょうか。それが明らかにならないと、学習や授業は学習者にどのような影響を与えたか、効果があったかどうか、さらにどのような働きかけを行ったらよいのか、などがはっきりしません。

そこでまず、ＢＢがなぜ学習者の認知構造と対応して考えることができるのか検討してみましょう。

図０－１は、外部から何らかの働きかけを行い、その反応から内部の状態を推測し、ＢＢの内部を段階的に解明していく順序を図示

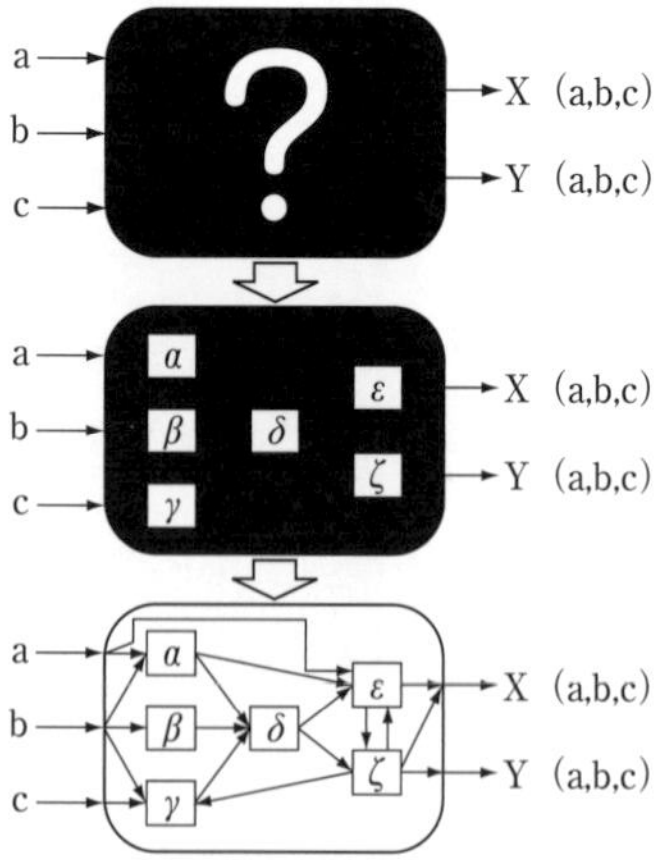

図 0-1　BB の要素と入・出力の関係

したものです[6)]。

かつて行動主義の学習観は、客観的に観察される行動を中心にして学習を明らかにしようとし、刺激と反応の結合関係から説明していました。つまり、図０－１における一番上の状態でよしとされていたのです。入力と出力だけが問題にされていたということは、たとえば学習や授業に関して言えば、学習者の「理解」や「思考」などは問題にしなくてもよいということになります。

今日では、それでは不適切であり、学習や授業において重要な点として、ＢＢである認知構造の内部をいかにして知るかというところに関心が移ってきています。なぜならば、たとえば教師が学習者に何らかの働きかけを行ったときに、それがどのように処理され、学習の効果として何ができるようになったのか、それは記憶にだけ依存しているのか、あるいはまた適切な理解や思考をもとにしているのか等々がわからなければ、授業の評価とそれに基づく改善の手がかりが得られないからです。

そのためには、教師の働きかけや学習者自身の自覚（入力あるいは内化）が認知構造の要素として何を残し、あるいはまたそこに存在しているどの要素を活用し、適切な認識として表現するか（出力あるいは外化）が求められています。

ここで、内化とは、外的な操作を自分自身の思考や認知過程内に取り入れ再構成することです。外化とは、学習者の内部で生じる思考や認知過程を外部に表すことです。

このとき、学習者の認識結果を確認するために、認知構造の内的状態を文字や絵、あるいは行動などで外に表現する外化が必要になってきます。また、そこでは認知構造の中の状態のみならず外化された状態もわかったほうがよいのです。

このようなBBとしての認知構造を少しでも明らかにしようとして開発されたのがOPPシートです。OPPシートは、後に詳しく述べるように、学習者の認知構造の中に存在している情報の中で、教師が一番知りたい最小限の内容を具体的に表現させる一つの道具であるとみなすことができます。

学習者の学習の成果を可視的かつ具体的にシートに表現させることによって、学習者の頭の中身である認知構造の内部を明らかにしようとしているのです。もちろん、完全な方法ではないにしても、BBとしての学習者の認知構造に対する働きかけがどのように作用し、その結果として何がどう出力されるのかをシートの学習履歴を通して知ることができます。

ここで、図0－1についてもう少し詳しく説明しておきましょう。

2. BBの「入力」および「出力」と内部構造の関係

図0－1は、内部構造がわからないBBとそれを構成する要素、およびその関係を知る仕組みを示しています。図の一番上はBBの内部構造が全くわかっていない状態を示

しており、外部から与えられた情報や働きかけが「入力：図0－1のa、b、c」として、またそれらがBBを通って外部に「出力：図0－1のX（a，b，c）、Y（a，b，c）」として出ています。

図の真ん中は、BBの外部から入ってきた情報と関連をもっているであろう内部の要素（α，β，γ，δ，ε，ζ）を特定し、あるいはそれがなければ入力と出力から想定できる要素をあげていく段階です。

さらに、図の一番下では、情報の入力とBBの内部構造の要素と出力の関係を特定します。今日、私たちが身の回りで目にしている物事や事象は、そのほとんどがBBと言えます。入力と出力さえわかっていれば、生活には何の支障もありませんが、改良や改善をしたり、問題解決を試みたりするときには、入・出力と内部構造の関連を知ることがどうしても必要になってきます。これは、学習や授業においても変わりはありません。

3．BBと学習者の認知構造とOPPシート

学習者の頭の中である認知構造をBBととらえると、OPPシートとの関係はどのようになっているのでしょうか。

BBの入力に匹敵するのは、学習や授業において、学習者が学習に必要な何かを自覚し、教師が意図的な働きかけを行うことです。言い換えると、学習者がどのような情報

を意識化させるかということをあらかじめ教師が見通し、それに意図的な働きかけをすることを意味しています。授業の計画は、これに相当します。

そのとき、学習者の頭の中に何が取り入れられ、素朴概念とどう結びつけられていくのか、あるいは修正、再構築などが行われていくのかが、BBの要素の関係に相当しています。[7] これは、学習者が学習を行い、自分の認知構造との突き合わせや取り込み、再構成などを行っている段階に匹敵します。

ここで、図0－1に示した状態では、例えとしての内部の構成要素のつながりしか明確になりませんが、人間の認知構造を考えるとき、要素間の関係をいろいろと考えるという思考が働いています。これが思考や認知過程における内省です。内省とは、自己の内部に取り入れた物事や情報を自分自身の考え方ややり方について意図的に吟味する過程を言います。これが、工学的なBBと人間の認知構造との大きな違いです。

BBに入力した結果として、さまざまな形で表現していくのが出力です。教育において重要になってくるのは、学習者が学習や授業において何を頭の中に取り入れ、それをすでにもっている知識や考えとどう対峙させ、どのように処理していくのか、その結果として何がどのような形で残るのかを知ることです。

それがわからなければ、どうなるかわからないけれどただやっているだけ、という状態になります。一日の限られた時間の中で、処理しなければならない仕事が増えていく一方の教師にとって、自分は真剣に頑張ったのだが、何がどうなっているのかわからない、問題があるとしてもどう改善すればよいのかわからない、そんな状態はなんとしても避けなければなりません。

一つの方法として、なんとかして学習者の学習前の状態を知り、学習の過程で認知構造がどう変容し、学習後の結果として何が残っているのか、さらに学習に対する意味や必然性、効力感を明らかにしていく必要があります。

ＯＰＰシートは、後に詳しく述べるように、学習の始めにおいては、学習前・後の「単元を貫く本質的な問い」、毎授業時間後に「授業の一番大切なこと」を記録する学習履歴、および学習全体を振り返る自己評価という枠組みしか与えられていないＢＢと考えることができます。ところが、学習や授業の深まりとともに、何の変哲もなかったただの一枚の紙が、最終的には一人ひとりの学習者が真剣に考えて作り出した作品となり、認知構造としての学習の成果が完成するのです。

つまり、中身がわからなかったＢＢが可視化され構造化されたボックスに変容したのです。このような意味から、ＯＰＰＡは学習者の認知構造を可能な限り解明し、学習の質的向上を高めるために働きかける道具と言えます。

本書は、教育実践における目的・目標、内容、方法、評価などの有機的関連性を考えていくＯＰＰＡの理論およびその手法を提供するとともに、具体的に実践していくことが可能かどうかを、理論的に検討することを目的としています。
教育における理論と実践の乖離という問題が指摘されて久しいですが、多くの人たちの懸命の努力にもかかわらず、まだ解決されているとは言いがたい状況です。本書が解決の一助になることを願わずにはいられません。

註

1）堀 哲夫「高次の学力形成における教育目的・評価のあり方」『学校教育』No.1070 pp. 6–11 2006

2）堀 哲夫「授業のグランドデザインと授業改善」堀 哲夫・市川英貴編著『理科授業力向上講座』東洋館出版社 pp.42–57 2010

3）堀 哲夫「学力調査の結果からみた理科教育の課題―教育課程実施状況調査、IEA–TIMSS OECD-PISAの結果を中心にして―」『山梨大学教育人間科学部紀要』Vol.10 pp. 29–38 2009

4）堀 哲夫「授業分析の視点と方法」『学校教育』No.1095 pp. 12–17 2008

5）堀 哲夫編著『子どもの学びを育む 一枚ポートフォリオ評価 理科』日本標準 2004

6）図０－１は以下の文献によった。Schaefer, G., Trommer, G. & Wenk, K.（Hrsg.）, *Denken in Modellen*, Westermann, 1977. ただし、ＢＢと認知構造の対応に対する言及は筆者の解釈による。

7）素朴概念については次の文献を参照されたい。堀 哲夫編著『問題解決能力を育てる理科授業のストラテジー―素朴概念をふまえて―』明治図書 1998

第1章

OPPAの定義
および概要

この章では、ＯＰＰＡとは何か、その全体像および骨子について明らかにしていきます。ふつうのポートフォリオ評価についてはなじみがあると思われますが、「一枚」という言葉がついたポートフォリオ評価とはどのようなものか、その定義、ワークシートやノートとの違い、基本的構造と理論的骨子の背景について概観します。

なお、ＯＰＰＡは、ＯＰＰシートを使って点数化したり、ランクづけをしない原則があることを最初に強調しておきます。それは、以下の三つの理由によります。

①学習者が学習した内容に関する実態を可能な限り的確に把握したいから
学習内容を点数化したり、ランクづけしたりすると、学習者は教師の想定した枠の中で活動しがちになります。

②学習者が私たちの想定外の可能性をもっているから
点数化やランクづけは、想定された最もよい状態が存在し、それとの比較をするという考え方です。学習者は、それを超えるかもしれないという視点に立脚すると、学習者を点数化したり、ランクづけをしたりするという発想は起こり得ません。

③評価は学習者の資質・能力を育成するということを重視しているから
資質・能力の育成にも、もちろんランクは存在します。しかし、まず学習者の資質・能力の育成を可能にするためには、とりわけ一人ひとりを的確に見取る必要があるからです。まず、そこを出発点にすると、点数化やランクづけという考え方は

適切性に欠けると考えられます。

ＯＰＰシートを使って点数化したり、ランクづけをしないという原則は、ＯＰＰＡを利用するとき、とりわけ重要になってきます。

第1節　ＯＰＰＡの定義

先述したように、ＯＰＰＡとは、教師のねらいとする授業の成果を、学習者が一枚の用紙（ＯＰＰシート）の中に学習前・中・後の履歴として記録し、その全体を学習者自身が自己評価する方法を言います[1)]。ＯＰＰＡの実践においては、教師がＯＰＰシートを作成して用います。

ごく簡単に言えば、そのシートに学習者が記入した学習履歴に対して、教師がコメントを書き、学習の質を高めるとともに、教師は授業の評価と改善を行います。

後に詳しく述べますが、一般的なポートフォリオ評価と違って、ＯＰＰＡは一枚の用紙のみを用いるので、評価のために必要最小限の情報を最大限に活用することを眼目としています。

この定義だけではＯＰＰＡをイメージ化しにくいでしょう。学習や授業の進展および学習者と教師の関係とＯＰＰシートとの関わりをモデル的に示したのが図１－１です。

図１－１は、学習や授業の進展とともに、学習者の既有の知識や考えが変容し、それを学習履歴としてＯＰＰシートに記録、その内容を教師が確認し授業の中で適切な指導を行っていくとともに、学習者が自己の学習状況をモニタリングし自己評価を行うという概要を表しています。

ここでいうモニタリングとは、図１－１に示したように、もう一人の自分が一段高い立場から自分の学習状況や認知の過程を監視することを言います。モニタリングもメタ認知に含まれるものです。メタ認知とは、簡単に言えば、学習者が自分で自分を認知することであり、自分の思考についての思考と言えます。また、自己評価とは、学習者が自分の学習目標に対して学習状況がどのようになっているのかを把握することです。自己評価は第５章で、メタ認知につ

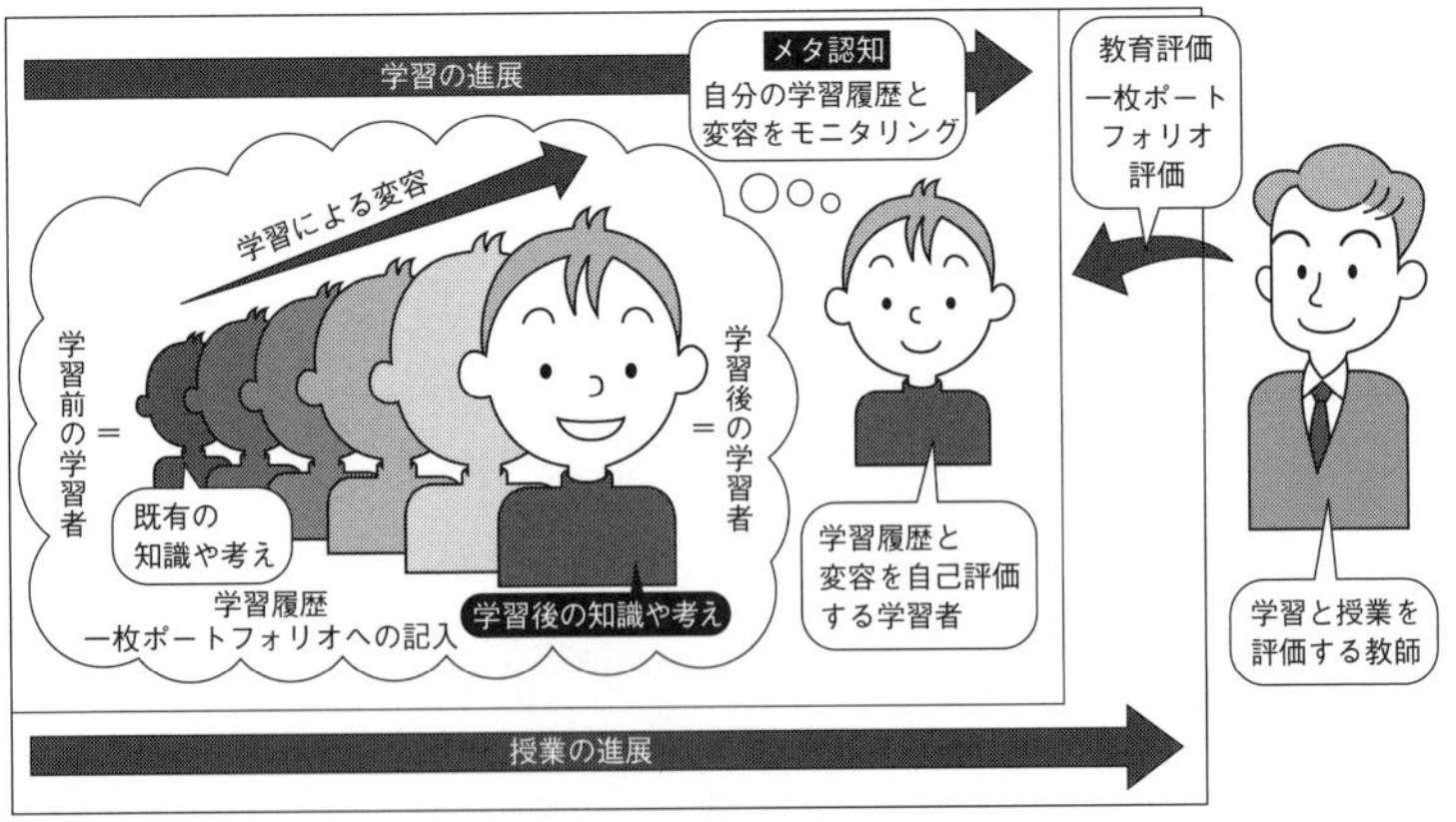

図 1-1　OPPA における学習者と教師の基本的関係

いては第8章で詳しく述べます。

図1－1についてもう少し詳しく説明すると、左側の学習者が右に移るにつれて大きくなっていくのは、学習や授業によって学習者が変容していく様子を示しています。その全体を、実際には存在しないもう一人の自分自身が、学習履歴と学習による変容をモニタリングするとともに自己評価しています。そのためには学習状況を適切に把握する必要があり、それを可能にするためにＯＰＰシートへの記入を求めているわけです。教師はその学習者の全体を見取り、かつ学習の改善への働きかけを行っています。こうした働きかけは、いずれも学習者が記録したＯＰＰシートを用いて行われます。

教師にとって必要な情報は、学習前・中・後において学習者の学習の進捗状況がどうなっているのかということです。その情報から、授業評価を行い、指導の改善が行われていくことになります。学習者にとっては、自分の成長過程が具体的内容を伴って可視的に把握でき、学習の成果を振り返ることが可能になる情報が求められています。

第2節　OPPAの基本的構造と理論的背景の骨子

ＯＰＰＡの詳細については第2章以降で詳しく述べますが、本節ではＯＰＰＡの全体像を把握するために、その特徴と概略を見ておきましょう。

1．OPPシートの基本的構造

OPPAでは、一つの単元をもとにしたOPPシートを授業設計の段階で作成します。次に、学習者が毎時間の授業後にシートを記入していきます。その内容を教師が確認するとともに適切なコメントなどを与え、学習の改善を図ります。それを繰り返し、単元終了後に学習内容全体を学習者に自己評価させるという方法です。

図1－2は、OPPシートの構成要素と要点を示したものです[2)]。これを見れば明らかなように、OPPシートは、「Ⅰ．単元タイトル」、「Ⅱ．学習前・後の本質的な問い」、「Ⅲ．学習履歴」、「Ⅳ．学習後の自己評価」の四つの要素からなっています。この骨子を、実際の授業の中で使用したものが図1－3です[3)]。

この図は、中学校1年理科「根と茎のつくりとはたらき」の4時間の授業で実際に使われた

【I．単元タイトル】 学習後、学習者に書かせることもある。Ex．「根と茎のつくりとはたらき」

【II-1．学習前の本質的な問い】	【III-1．学習履歴】	【III-2．学習履歴】
単元などを通して教師が最も押さえたい最重要点に関わる問いで学習後と全く同じ　Ex．「植物に取り入れられた水はどうなりますか。絵や図をつかって説明してもかまいません。」	学習者が考える授業のタイトルや最重要点を書く　Ex．「今日の授業で一番大切だと思うことを書いてみましょう。」	学習者が考える授業のタイトルや最重要点を書く　Ex．「今日の授業で一番大切だと思うことを書いてみましょう。」
【II-2．学習後の本質的な問い】	【III-n．学習履歴】	【III-3．学習履歴】
単元などを通して教師が最も押さえたい最重要点に関わる問いで学習前と全く同じ　Ex．「植物に取り入れられた水はどうなりますか。絵や図をつかって説明してもかまいません。」	学習者が考える授業のタイトルや最重要点を書く　Ex．「今日の授業で一番大切だと思うことを書いてみましょう。」	学習者が考える授業のタイトルや最重要点を書く　Ex．「今日の授業で一番大切だと思うことを書いてみましょう。」

【IV．学習後の自己評価】
学習前・後と学習履歴を振り返ってみて何がどう変わったか、またそれに対する自分の学習の意味づけなど自分の考えたこと、表現したことなどについての思考（メタ認知）

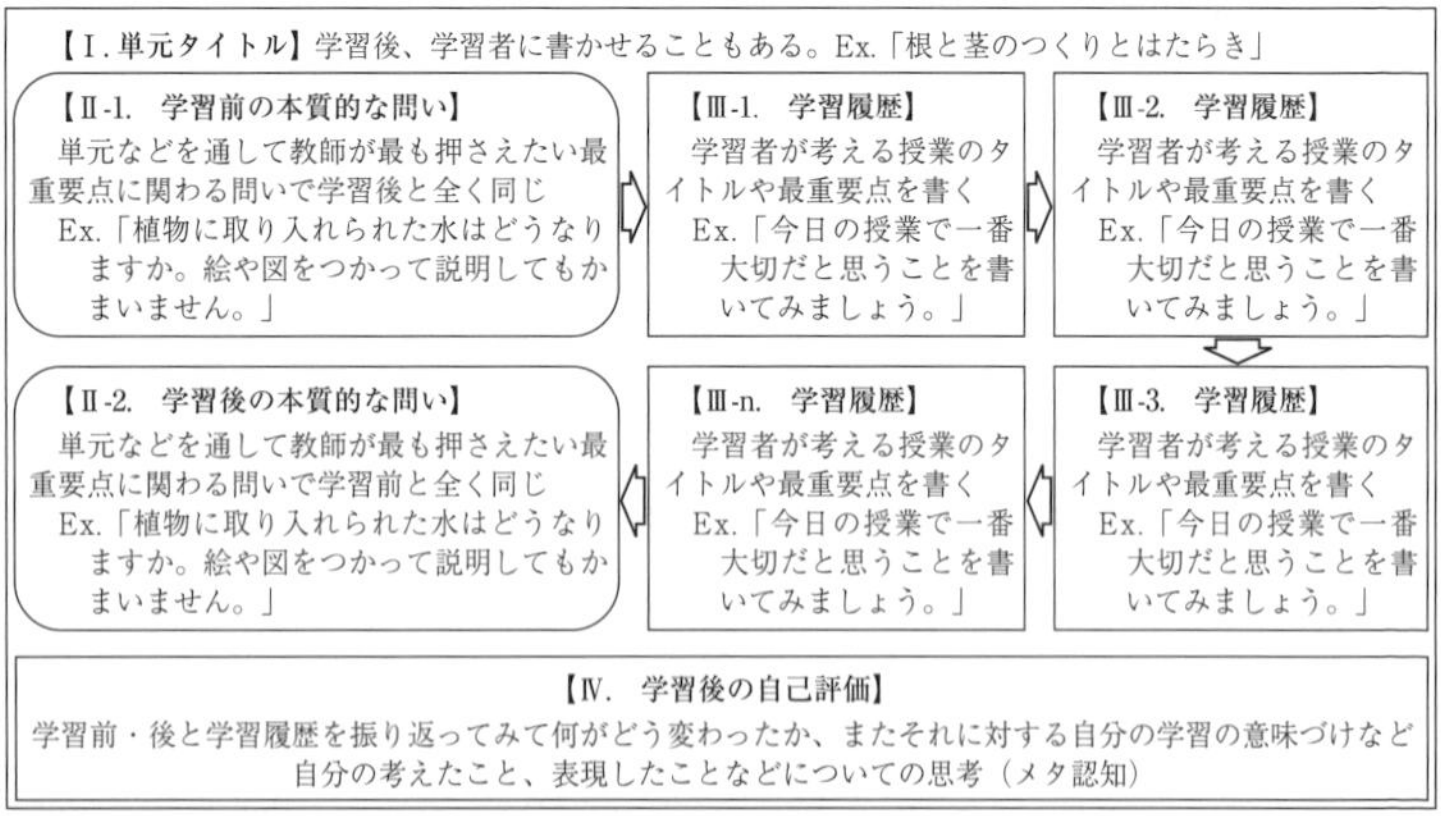

図 1-2　OPP シートの基本的構成要素と骨子

ものです。単元のタイトルは省略してあります。以下、図1－2および図1－3をもとにして、OPPシートを構成する要素について具体的に説明していきましょう。

(1) 単元タイトル

この欄は、教師があらかじめ書き込んでいることが多いです。書き込まれているタイトルの横に、単元の授業が全て終了し、かつシートへの書き込みが終わった段階で、学習者自身に適切なタイトルをつけさせることもあります。このような働きかけを行う意味は、単元全体を振り返り、内容を一言で的確にまとめる力をつけるためです。

単元タイトルは、OPPシートの両面を利用するとき、表面の表紙につけ

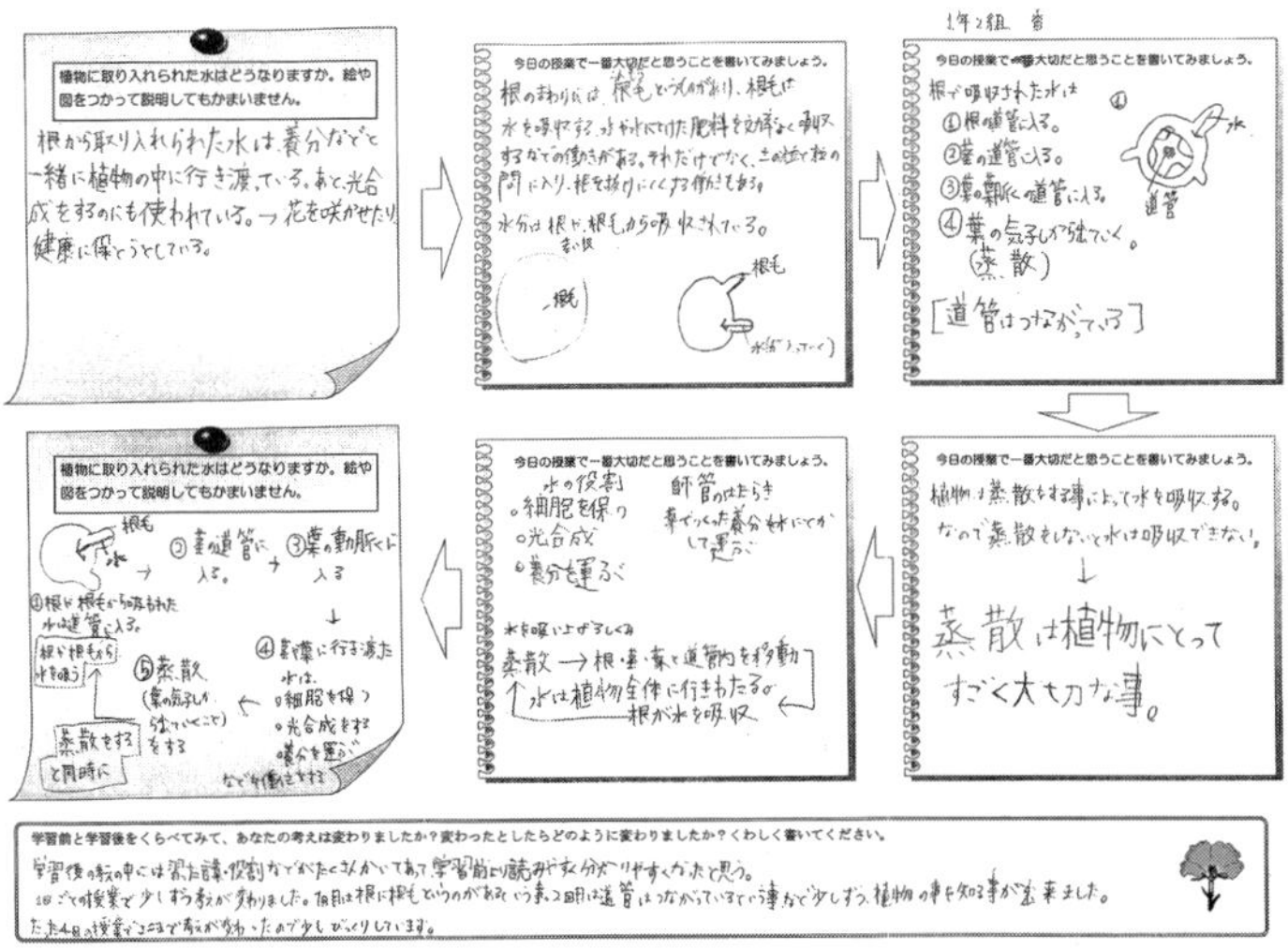

図 1-3　中学校 1 年理科「根と茎のつくりとはたらき」OPP シートの記入例

ることもあります。具体例については、第10章第1節の教科の事例を参照してください。

(2) 学習前・後の単元を貫く本質的な問い

教師は、「これだけはどうしてもわかってほしい」「このことはできるようになってほしい」などという思いや願いをもって授業を行います。それを、一時間だけでなく単元や教科・科目を通して、あるいは教育全体を通して学習者に伝えていくことになります。ここでは、授業のひとまとまりである単元レベルを扱うことが多いでしょう。教師が学習者にどうしても実現してほしい内容を、学習前・後の単元を貫く本質的な問いとして設定しています。この問いは、以下の二つの条件を満たすことが必要です。

①単元の本質に関わる内容を問いにすること

単元を通して教師が学習者にどうしても伝えたい、わかってほしい、できるようになってほしいことを問いにします。それは、単元の中でこれだけは押さえておきたいという内容に対して、学習前と後の実態を把握する必要があるからです。

②本質的な問いを学習前と後で全く同じものにすること

この意味は、学習者の学習前の実態を知り、それが学習によりどのように変容したのかを学習後に明らかにすることにあります。さらに、学習者に両者を比較させることにより何がどう変わったのか、それに対して自分はどう思うのかなどの自己評価を行い、学ぶ意味や必然性、自己効力感を感得させるためです。

(3) 学習履歴

学習履歴は、毎時間の授業後に学習者が「授業の一番大切なこと」を書く欄です。この欄については、OPPシートの目的を達成するために、以下の三点に配慮することが重要です。

①学習者が考えた「授業の一番大切なこと」を書かせること

これは、単なる感想や印象、思いなどではありません。まず授業を受けた学習者の頭の中に何が残されているのかを知るためです。次に、その内容が教師の意図している内容とずれているかどうかを知るためです。その有無により、教師の授業評価を行うことができるのです。

②授業終了直後に書かせること

言うまでもなく、学習履歴は適切な振り返りができていることが大切です。それが詳しすぎても、また大雑把すぎてもよくないので、可能な限り授業時間ごとに、授業が終わるときに書かせるのが望ましいのです。

③学習者の書きやすい形式で表現すること

文章でまとめる、図で表現するなど、自分の得意な方法で表現するのがよいでしょう。要点が的確にまとめられていれば、どのようなやり方でもよいのです。

(4) 学習全体を通した自己評価

学習を振り返って自己評価を行わせるときに重視しなければならないことは、以下の三点です。

①学習者が学習目標をもつことができるような授業を行うこと

自己評価は、学習者の学習目標があって初めて機能するからです。

②学習者が自己評価を行いやすいようにOPPシートを構成すること

自己評価の記入欄をただ作っておけばよいというわけではありません。OPPシートの構成要素の配列も、学ぶ意味や必然性、自己効力感を引き出すことにつながっているからです。

③学習前・後の単元を貫く本質的な問いの比較だけでなく、学習履歴まで含めた全体を自己評価させること

学習の振り返りは、OPPシートの一部だけを対象にするのではなく、シート全体、つまり学習全体を対象にすることが重要です。

2. OPPAにおける理論的骨子の概要

OPPAの背景にある理論や考え方の骨子をあげれば、以下の七点になります。それぞれの詳細については第2章以降で述べるとして、ここではその骨子を簡単に説明して

おきます。

(1) 構成主義の考え方に基づく学習・授業観

ＯＰＰＡが構成主義の考え方をもとにした学習論、授業論であるということです。構成主義とは、私たちの知り得ることは、本質的に一人ひとりの認識が生み出したものに他ならないので、自分の経験や思考から個人に固有の知識や考えなどを作り上げるという考え方です。つまり、学習とは「『既知』と『未知』との葛藤や調節という相互作用を経ながら『既知』なるものが組み替えられていく[4]」ことです。

そのため、学習や授業によって学習者の何がどう変容したのかを重視しています。つまり、学習者の素朴概念がどのように学習後の知識や考え（科学的概念）に変わっていくのかが問題とされるため、それに関わる以下の要素がＯＰＰＡにおいても重視されることになるのです。

(2) 学習者の資質・能力の育成を中心にした学力モデル

学習者の資質・能力の育成を中心にした学力モデルを基礎にしていることです[5]。学習や授業が展開されることにより、学習者にどのような資質・能力が育成されるのか、その到達過程をも示すことができる学力モデルとその評価が求められているからです。そのとき重要になってくるのは、結果として獲得された状態を示すモデルではなく、獲得過程を表すことのできるものが求められているということです。

これまでに提案されてきた学力モデルは、論者の考える学力の要素があげられ、それらがどう関わっているのかという視点から提案されてきているものがほとんどで、学力がどう形成されていくのかという視点を意識して提案されているものはありませんでした。

(3) 学習の過程や変容を明確にするポートフォリオ評価

学習前・中・後の学習履歴を通して学習の過程や変容を明確にするポートフォリオ評価を取り入れていることです[6]。ポートフォリオとは、学習者の制作物、学習活動の記録や教師の指導と評価の記録などを系統的に蓄積したものを言います。上で述べた構成主義の考え方に立てば、学習者の知識や考えがどう変容するかを確認し、教師がそれに働きかけを行っていくのは必然的な流れになると考えられます。ポートフォリオ評価によって学習の過程を学習者と教師双方が知ることにより、相互作用を通して適切な学習や授業を作り上げていくのです。

ポートフォリオ評価については、第5章で詳しく述べます。

(4) 学習の成果を適切に見取るパフォーマンス評価

学習者が学習履歴を書く場合に、「授業の一番大切なことを書きましょう」というパフォーマンス評価を導入していることです[7]。パフォーマンス評価とは、表現活動や表現物などの実績や成果であるパフォーマンスをもとに評価する方法を言います。通常の授業において、このように一番大切なことを自分で考えてまとめさせることは、ほとんど行われません。むしろ、授業の一番大切なことは教師がまとめ、それをノートやワークシートに記録させることが多いでしょう。

これでは、学習者に何がどのように身についたのか確認することは不可能です。ましてや、教師がその内容に対して働きかけることなど、到底できません。やはり、自分の頭で真剣に考えて、その内容を表現することが求められています。それがほぼ毎時間行われることになるため、要点をまとめる資質・能力の育成にも寄与していると考えられます。

パフォーマンス評価についても、第5章で詳しく述べます。

(5) 資質・能力を育成するための診断的・形成的・総括的評価

一枚のOPPシートの中で診断的・形成的・総括的評価を行うという考え方です[8)]。とりわけ形成的評価を重視しています。これも、構成主義の考え方に立てば、学習前の学習者の既有の知識や考えをどう評価し（診断的評価）、学習過程において指導と評価の一体化を図り（形成的評価）、最終的にどのような学習の成果が見られたのかを見取っていく（総括的評価）ことが求められるのは当然のことと考えられます。

これまで、診断的・形成的・総括的評価は、単元の一つのまとまりなどの中で考えられてはいたのですが、たとえばOPPAのように一枚の用紙の中で学習者の実態をみとり、それぞれを相互に機能させるという評価の方法は提案されてきていませんでした。診断的・形成的・総括的評価については、第6章で詳しく述べます。

(6) 学習者の思考や認知過程の内化・内省・外化の重視

学習履歴により学習者の思考や認知過程の内化・内省・外化を行い、学習者の資質・能力を育成する考え方です。それは、学習者が外部の情報を再構成するためにどのように取り入れ（内化）、それについていろいろと検討し（内省）、外に向かって表現する（外化）という過程において、教師の適切な働きかけが行われるとき、学習者の資質・能力が高められていくからです。

このことについては、近年の学習科学の知見からも明らかにされてきていますが、思考や認知過程の内化・内省・外化の三者を一体のものとしてとらえ、活用していくという提案はありません[9]。

学習者の思考や認知過程の内化・内省・外化については、第7章で詳しく述べます。

(7) 自己評価を活用したメタ認知能力の育成

OPPシート全体を通して振り返りを行い学習者に自己評価を行わせ、メタ認知の能力を育成する考え方です[10]。自己評価とは、学習者自身が自己の学習目標に照らして学習状況を把握し、学習の改善に生かすことです。

学ぶことによって何がどう変わり、そのことについてどう思うのか、また何をどう変えれば自分の学びが変えられるのか等々について、適切な手法を獲得するためには、自己評価がきわめて重要な役割を果たしているからです。

言うまでもなく、学習は学習者自身のために行われるものです。また、将来自立していくための資質・能力を獲得することが大切です。そのためには、現在学習者自身がどのような状態であるのかを的確に判断することが求められています。適切な自己評価能力の育成なくして、自ら学び自ら考える力という高次の学力獲得はあり得ません。

自己評価については第5章で、メタ認知については第8章で詳しく述べます。

一般的に、これら七点は、個別に行われるか二つか三つの要素が同時に扱われることはあっても、全てが一緒に扱われることはありません。OPPAは、OPPシートの中で、これら七点を同時に可能にしていくところに最大の特徴があるのです。

第3節　OPPシートとワークシートやノートとの違い

これまで、学習や授業の中で学習者に記録として書かせるものは、ワークシートやノートなどが用いられてきました。それらとOPPAで用いるシートは、一体何が違うのでしょうか。もし違いがないのであれば、わざわざ用いる必要はありません。それらと

ＯＰＰシートの決定的な違いは以下の四点にあります[11)]。

１．学習者が自分で考えてまとめた内容を記録しているかどうか

ワークシートやノートおよびＯＰＰシートは、両方とも学習者の得た知識や考えなどを具現化するために用いられます。そのとき、ワークシートやノートは教師が黒板にまとめた内容や具体的に指示した内容などを書くことが多いですが、ＯＰＰシートは学習者が自分で考えてまとめた内容、たとえば「授業の一番大切なこと」を学習履歴として表現するようになっているという点が異なります。

これは、大した違いでないように思われるかもしれませんが、自分自身が真剣に考えてまとめた内容と教師が行ったそれを記録するのとでは、学習の質という視点から検討すると大きな違いがあります。それは、以下の二点を指摘すれば明らかでしょう。

(1) 学習者自身が思考、判断、表現したものであり、学習の成果が明確にできる

まず、学習者自身がまとめたものであれば、何がどの程度理解されているのか明確にできることです。教師がまとめたものを書いているだけでは、学習者自身は何がどれだけ理解できているのかを明確にすることができないため、教師は学習者に対して何をどう働きかけたらよいかわかりません。

学習や授業では、学習者自身が理解している内容と状態を適切に知ることがとりわけ

重要であると考えられます。近年、パフォーマンス評価が注目を集めてきているのは、学習者は何ができて、何ができないのかを的確に把握して、どうすれば適切な資質・能力を育成できるのかがわかるからです。ＯＰＰＡは、まさにパフォーマンス評価そのものであると言えます。

(2) 学習の質的改善や向上を図ることができる

次に、一度や二度ではその差が明確にならないかもしれませんが、学習者自身が考えた内容を表現させ、教師が不適切なところに改善の働きかけを行うことによって学習の質的向上をはかれることです。他方、そうでない場合には、学習の質的改善はかなり難しいでしょう。学習者の理解している内容と状態を適切に把握し、教師がそれに対して的確な働きかけを行うことによって、学習の質的改善が可能になると考えられます。

2. 形成的評価が容易かどうか

ワークシートやノートは、記録した内容に対して授業終了後すぐに教師の指導が行われることは少ないです、ＯＰＰシートはすぐに行うことができます。

もちろん、ワークシートやノートを毎時間回収して教師が適切な働きかけを行ってもよいのですが、物理的に不可能でしょう。単元のまとまりごとに点検するのでは、学習や授業が終わっているので、形成的評価を行いにくいです。指導目標の達成には、形成的評価が欠かせません。

ＯＰＰシートは、一枚の用紙の中に「授業の一番大切なこと」だけを書かせているので、毎時間教師が学習者の理解状態を確認し、教師自身の授業の適切性を判断、それに基づいて適切な働きかけとしてのコメントを記入し返却します。これは、すなわち形成的評価を行っていることに他なりません。

これまで、「指導に生かす評価」とか「指導と評価の一体化」などが繰り返し説かれてきました。そのテーマのもとに展開されてきた実践研究も実に多く存在します。それにもかかわらず、授業において具体的に形成的評価をどう行ったらよいのかについての適切な提案は、皆無とも言える現実があります。それは、授業という限られた時間に行われる働きかけを通して、学習者の時々刻々変化する実態を常に把握し、望ましい方向に変容を遂げるための働きかけを行うということの難しさを示していると言えます。

したがって、たとえどれほど優れた力量をもっている教師がいたとしても、何らかの道具を使うのでなければ形成的評価は不可能であると考えられます。ＯＰＰシートは、その道具の一つと考えてよいでしょう。

3．見通しと振り返りが行いやすいかどうか

ＯＰＰシートは、通常は一単元のまとまりごとに構成されているので、学習前・中・

後の関連性が明確にでき、見通しと振り返りが行いやすくなります。ワークシートやノートの場合、記録された内容はメモのような意味合いが強いです。また、自分自身が考えまとめたものでないことが多いため、どこに何が書いてあるのか見つけ出すことが難しく、見通しと振り返りを行いにくいでしょう。

また、OPPシートは学習履歴としてそれまでに書かれた内容全体を見渡すことができるところに特色があります。学習過程においても、前の時間に書いたことを見ると次の時間に行うことを見通すことが可能になります。つまり、OPPシート全体ができ上がっていなくても、次第に全体の構造を予想していくことができるのです。

ここで、見通しは学習者のもつ学習目標であり、振り返りは学習者が行う自己評価です。学習指導要領では、見通しと振り返りを適切に行う学習活動の重要性が強調されています[12]。これは、つまり学習者が学習目標をもって学習に臨み、かつそれを自己評価することを意味していると考えられます。

ただし、未知の新しい内容を学習するときに、学習者が最初から学習目標をもつことは不可能です。授業の中で、いかにして徐々に学習目標を形成し明確化していくのかは、授業における教師の大きな課題です。上で述べたように、OPPシートはそれを構成する各要素が学習目標を形成しつつ、最後に学習全体を振り返る自己評価の機能を併せもっています。ノートやワークシートに、このことを求めても難しいでしょう。

4. 学習全体を構造化した形で把握可能かどうか

ＯＰＰシートの全体の書き込みが完成すると学習全体を構造化された形で把握することができますが、ワークシートやノートでは難しいです。すでに繰り返し述べているように、ＯＰＰシートは一枚の用紙の中に一単元のまとまりが学習履歴として、しかも「授業の一番大切なこと」が残されていくので、全体を見渡すことが容易です。もちろん、ワークシートやノートの中にも重要なことは書かれていますが、授業の中で扱ったきわめて多くのことが含まれているので、単元全体を構造的に把握することは難しいでしょう。

学習結果が断片的でなく、構造化された形で把握できるということは、内容の軽重を判断する上においても、また記憶に過度の負担をかけないという意味からも、さらに学習内容を事項の関連性のもとに理解するためにも、きわめて重要です。

以上、ＯＰＰシートと通常使われているワークシートやノートとの違いを四点あげて検討してきました。もとより、両者が同じ機能をもつのであればＯＰＰシートなど最初から用いる必要はありません。もし、ＯＰＰシートに固有の学習者と教師双方にとって効果的な機能を備えることができるのであれば、大いに活用すべきでしょう。

第4節　OPPAと教育の本質との関係

ＯＰＰＡは、必要最小限の情報を最大限に活用する方法です。情報はたくさんあればあるほどよいというわけではありません。多忙を極める教育現場においては、適切な情報をどう獲得し、それをいかに有効活用するかが求められています。ＯＰＰシートはその一つの方法ですが、そこで重要になってくるのは、教育実践の場で使われるものとは言え、教育の本質に関わるものとなっているかどうかです。否、むしろ日常的に行われている実践の中にこそ教育の本質に関わるものがなければなりません。そうでなければ、教育の本質と関わることがほとんどないまま、学習者は教育を受けることになるのです。

では、ＯＰＰＡは教育の本質とどのように関わっているのでしょうか。その前にまず、教育の本質とは何かを押さえておきたいと思います。教育の本質とは、学習や授業を通して、既有の資質・能力をよりよく育てる学習者の成長であると捉えることができます。端的に言えば、学習者が質的に望ましい変容をとげることです。ＯＰＰシートを構成する基本的要素と教育の本質がどう関わっているか、以下の四点をあげて具体的に指摘してみましょう。

①学習による質的変容を確認するために、学習前・後に全く同じ本質的な問いを設定していること
②学習による質的変容を促すために、教師が学習履歴に対してコメントなどの適切な働きかけを行っていること
③学習による質的変容を自覚させるために、学習全体を振り返らせる自己評価を働きかけていること
④学習の質的変容を保証するために、教師も教師用OPPシートを用いて力量を高め、成長を遂げるように意図されていること

以上の四点は、教育の本質である学習者の望ましい成長を図るためにOPPシートを活用して、普段の学習や授業の中で行うことができます。この四点から明らかなように、OPPAの基本的考え方は、教育実践における成長の前提になるのは学習者の変容であり、そのためには学習や授業で何が必要であり、どう働きかけ、生起した変容をいかにして自覚させるか、ということになります。つまり、OPPAの理念を達成するためにOPPシートを活用し、大げさに言うと毎時間の学習や授業で教育の本質に迫ることができる働きかけを行っていると言えます。

実際、OPPシートを使った実践報告からは、本書の終章を見れば明らかなように、

学習者自身が「自分の成長を実感した」というような既述が数多く報告されています。このような積み重ねによって、学ぶ意味や学ぶ必然性、自己効力感を感得させることが可能になってくるのです。

註

1)たとえば、堀　哲夫編著『子どもの学びを育む　一枚ポートフォリオ評価　理科』日本標準　2004などを参照されたい。

2)Hori, T. ,The Concept and Effectiveness of Teaching Practices Using OPPA, *Educational Studies in Japan : International Yearbook*, No. 6, December, pp.47 - 67, 2011.

3)玄間　修・堀　哲夫・幡野　順「一枚ポートフォリオにみる学習の実態に関する研究—中学1年生『植物のつくり』単元の事例を中心にして—」日本理科教育学会第44回関東支部大会発表資料集 2005 当日配布した資料による。

4)田中耕治『教育評価』岩波書店 p.122 2008

5)Hori, T., *op.cit.*, p.55.

6)田中耕治・西岡加名恵『総合学習とポートフォリオ評価法 入門編』日本標準 1999

7)Berman, S., *Performance Based Learning*（2nd ed.）, Corwin Press, 2008.

8)Bloom, B. S. and Hastings J. T. and Madaus, G. F.（Eds.）, *Handbook on Formative and Summative Evaluation of Student Learning*, McGraw-Hill, Inc, 1971.（邦訳：渋谷憲一・藤田

恵璽・梶田叡一訳『教育評価法ハンドブック』第一法規 1973 渋谷憲一・藤田恵璽・梶田叡一訳『学習評価ハンドブック（上・下）』第一法規 1974）
9）以下の論文において思考や認知過程の内化・内省・外化の関係について検討した。堀　哲夫「ＯＰＰＡの基本的骨子と理論的背景の関係に関する研究」『山梨大学教育人間科学部紀要』Vol.13 pp.94-107 2011
10）堀　哲夫『学びの意味を育てる理科の教育評価』東洋館出版社 pp.26-28 2003
11）堀　哲夫他編著『子どもの成長が教師に見える　一枚ポートフォリオ評価　中学校編』日本標準 pp.24-26 2006
12）文部科学省『小学校学習指導要領（平成29年告示）』東洋館出版社 2018

第2章

構成主義の考え方に基づく学習および授業とOPPA

ＯＰＰＡは、すでに述べたように、学習者が自らの既有の知識や考えをもとにして学習を展開することを前提に考えられています。こうした基本的な考えは、構成主義とよばれています[1]。構成主義の考え方は、１９８０年以降、内外の教育に強い影響を与えてきました。本稿で議論の対象とするのは、学習を社会的過程と見なす社会的構成主義（以下、構成主義とよぶ）を中心にしています。構成主義の考え方に基づくと、学習者観、目的・目標観、授業・学習観、評価観の一連の流れのもとでの構造化が可能になり、最終的にはＯＰＰＡとして収斂させることができます。近年、構成主義の考え方が教育の中に強く反映されてきているのは事実ですが、目的・目標観、授業・学習観、評価観が一連の流れのもとに、言い換えると具体的な授業実践の中に構造化した形で提案されてきているものはほとんどないと言えます。

ただ、最近、アメリカのウィギンス（Wiggins, G.）らは、目標を設定するときに評価を考えるという「逆向き設計論（Back Ward Design：BWD）」を提案し、目標から評価までを一連の流れのもとに位置づけて構想しようとしています[2]。

しかし、多くの研究や実践は構成主義の考えを、授業なら授業に、学習なら学習に、評価なら評価に、それぞれ個別に取り入れていて、学習者の実態を押さえた上で目標から評価に至るまで一貫したものとして必ずしも提案していません。

なお、一口に構成主義と言っても、そこにはいろいろな考え方や方法が存在します。

ここで検討するのは、構成主義の中の、あくまでも一つの考えに過ぎないことを断っておきたいと思います。

第1節　構成主義とは何か

「構成主義」という言葉は、最近出版されたわが国の教育学関係のほとんどの事典にも、項目として取り上げられてきていますが[3]、それ以前には索引にも見当たりません。このように、言葉だけはよく使われるようになってきていますが、その実態は杳《よう》としています。ここでは、「構成主義」の考えに基づく内外における教育がどのようになっているのか、理科教育の分野を中心にして、私見を交えて検討してみたいと思います。

1．構成主義をめぐって

「構成主義」という言葉が内外の文献において数多く見受けられるようになってきたのは、１９８０年頃からです。これまで、わが国において構成主義の考え方に基づく教育論を体系的に議論した書物はほとんど見当たりません[4]。それは、そのとらえ方が十人十色であるからでしょう。たとえば、構成主義の起源一つをとってみてもソクラテス(Socrates)であるという考えもあれば、否、カント(Kant, I.)である、ピアジェ

(Piaget, J.)だ、ヴィゴツキー(Vygotsky, L. S.)だ、と枚挙に暇がありません。さらに、構成主義そのものについても、個人的構成主義、社会的構成主義、心理学的構成主義、急進的構成主義等々、これまた数え上げたらきりがありません。

このような現状であるにもかかわらず、「構成主義」という言葉が頻繁に用いられているのはなぜでしょうか。それは、私見によれば、構成主義の考え方が教育の歴史とともに存在していて、またその考え方が教育の本質に関わる重要な意味をもっているからです。

教育の世界で時々見かける個人的構成主義、社会的構成主義も、これまた私見によれば、使い分ける必然性はないと思います。なぜならば、無人島で暮らさない限り他の人と相互作用を受けることは必然であり、ましてや学校教育では集団の相互のさまざまなやりとりを前提にして行われているため、「個人的」という言葉を使うこと自体が奇妙だと言わざるを得ないからです。ともあれ、内外の教育の歴史の中で、「構成主義」という言葉が現れたのは、比較的最近のことです。そこで、「構成主義」という概念の内包と外延に照らして教育の歴史を眺めてみると、この教育観に当てはまるものが数多く存在するのです。

わが国でも、東北地方を中心に実践されてきた「極地方式」は構成主義の考え方に酷似しているし[5]、斎藤喜博[6]や東井義雄[7]の教育実践の中にもその考え方を見ることができます。構成主義という言葉が使われなかったとしても、内外の教育の中で、この考え方は脈々と受け継がれてきているのです。

2. 構成主義とは何か

私たちは日常生活において、外界と相互作用をしながら、いろいろな事象を認識していきます。そのとき、人は知識や考えを受動的に受け入れるのではなく、主体的に現実や意味を構成し認識していくとする立場を構成主義とよんでいます[8]。こうした考え方は、教育、言い換えると授業や学習ときわめて深く関わっており、適切な概念形成のために欠くことのできない前提となっています。

ノバック（Novak, J.D.）らは、多くの調査結果をもとに学習者が理解する際の特徴として、以下の四点をあげています[9]。

①学習者が多数の人々に理解され、また関わり合いをもっているという間主観的存在であること
②理解の仕方に一貫性をもっていること
③理解するとき最小限の仮定しか立てないこと
④自分の考えに対して包み隠しのないこと

さらに、概念形成に関しても、多くの調査結果から、次のように整理しています[10]。

それは、時間の経過とともに自分の認知構造の中に新しい考えを同化させる、既有の考えの再構成化を図る、自分の知識の枠組みの構造的な複雑さや主張の妥当性を感じていたとしても有意義な修正を受け入れる、というものです。

先に述べた、学習者の理解や概念形成の実態を基礎にして、以下の構成主義の三原則をあげています[11]。

第一は、「人は意味の構成者である」

第二は、「教育の目的は、共有する意味の構成である」

第三は、「共有する意味は、準備の行き届いた教師の適切な支援によって磨きがかけられる」

彼らは、人間がいかに外界を認識していくのかをまず前提にし、その上で教育の目的を、さらに教師の役割を考えています。そこで、重視されるのは、学習者の理解の様態であり、概念形成ということになります。

具体的な教育実践の問題に入っていくと、細部における違いはあるにしても、教育における構成主義としては、彼らの押さえ方が妥当なものであると考えられます。

第2節 構成主義の考え方に基づく教育の内外の動向

構成主義の考え方に基づく教育は、これまで、わが国ではあまり紹介されることがありませんでした。そのため、構成主義に関する論文は数多く書かれていても、こと書物に関してはすでに述べたように、きわめて少ないのです。では、諸外国では構成主義の考え方に基づく教育がどのような動向を見せているのか、検討してみることにしましょう。

1. 諸外国の動向

教育における構成主義の考え方は、たとえば、アメリカのＮＳＴＡ（National Science Teachers Association：全米理科教師協会）の理科教師準備用スタンダード[12]、イギリスの資格・教育課程局（ＱＣＡ：Qualifications and Curriculum Authority）から出されているナショナルカリキュラム[13]に大きな影響を与えてきました。

また、近年ＯＥＣＤ（Organization for Economic Cooperation and Development：経済協力開発機構）の国際学力調査ＰＩＳＡ（Programme for International Student Assessment）で注目を浴びたフィンランドの高い学力の秘訣の一つは、「社会的構成

主義教育観の導入」であるという声明をフィンランド教育省当局が出しています[14]。

他方、教育学研究においても構成主義は大きな注目を集めてきていると言えます。たとえば、アメリカのシカゴ大学が１９００年以降、毎年出版してきているＮＳＳＥ（National Society for the Study of Education）の第94年報は、「理科教育の改善」の特集の第３章で「生徒の概念形成と構成主義」が取り上げられています[15]。さらに、第99年報では、「教育における構成主義」の特集が組まれ、その動向や研究の概要が議論されています[16]。

このように、マッシュー（Mathews, M. R.）の言葉を借りるまでもなく[17]、構成主義は今や間違いなく教育に大きな理論的影響を与えています。また、フェンシャム（Fensham, P. J.）も、１９８０年以降の理科教育カリキュラムの考え方に最も顕著な心理学的影響を与えてきているのは構成主義の考え方に基づく学習観であると断言しています[18]。

さらに、理科教育の分野では、ごく最近、科学哲学者ラカトシュ（Lakatos, I.）の研究プログラム（Research Programmes：RPと略記）論を用いて、ターバー（Taber, K. S.）が「構成主義のかなたに」という論文の中で１９７０年以降の構成主義の考えに基づく教授・学習論を概観しています[19]。

ラカトシュのＲＰ論は、ここでは詳しく述べる余裕はありませんが、理論を組織化された構造として分析する方法です。要するに、構成主義に関わって言えば、その理論が

ＲＰを与える開かれた構造をもっているかどうかという視点から検討しているのです。こうした分析が行われること自体、外国における構成主義の考えに基づく教授・学習論が、それだけ盛んに行われていることの証左と言えるでしょう。

こうした流れの中で、多くの授業や学習の理論化が追究され、概念形成や有意味学習が追究されてきました。

2. わが国の動向

わが国の学習指導要領においても、平成11年度の解説などを見れば明らかなように、構成主義の考え方に基づき作成されたと考えてよいでしょう[20]。しかし、教育実践の中で具体的に構成主義の考え方を生かしてどのように行われているのかは必ずしも明確ではありません。

むしろ、構成主義という言葉が出てくる以前に行われてきた仮説実験授業[21]や極地方式などの実践は、学習者の既有の知識や考えを重視しており、こうした考えの先駆をなしたものと言えるでしょう。

ところで、構成主義に対する批判もないわけではありません。

第3節　構成主義に対する批判

では、構成主義に対する主な批判を、ごく簡単に見ておくことにします。構成主義に対しては、「欧米帝国主義の危険な贈り物[22]」という過激な批判もありますが、ここでは、主として教育実践に関わるものをあげておきます。

1．デューイらの見解の現代版に過ぎないという批判

構成主義の考えに基づく教育実践は新しいものではなく、デューイ（Dewey, J.）やそれに続く進歩主義者によって主張された見解の現代版にしか過ぎないという批判です[23]。デューイも、もちろん構成主義者ととらえることができるので、この批判はあながち的はずれだとは言えません。しかし、近年の構成主義の考えに基づく教育は、彼の「経験の再構成」という考えよりも、もっと学習者自身の知識や考えを深く掘り下げ、それを前提にした実践となっています。

2．発見学習の再来に過ぎないという批判

構成主義の考えに基づく教育実践はまさに発見学習の再来に過ぎない、という批判で

す[24]。

周知のように、理科で言うと、発見学習では学習者が科学の内容を追発見するという立場をとっているので、学習者の既有の知識や考えを前提にするものではありません。したがって、この批判は妥当ではないでしょう。

3．学習者の身体が享受する対象の実在性を追求することはできないという批判

「構成主義の立場では、学習主体の思考が構成する対象の現実性（リアリティ）を追求しえても、学習者の身体が享受する対象の実在性（アクチュアリティ）を追求することはできない[25]」という批判です。

この批判については、その意味を把握するのに困難な点もありますが、どの立場の教授・学習論についても当てはまるのではないかと考えられます。

4．意味と関わりを構成する主体の編み直しの過程を不問に付しがちであるという批判

「現実の学習過程においては、意味と関わりを構成する主体自身が絶えず解体され再構成されているのですが、この主体の編み直しの過程を構成主義の立場は不問に付しがちである[26]」という批判です。

構成主義の立場では、既有の知識や考えを基礎にして、それがどのように変容するの

か、またその評価を問題にすることが多いので、この批判が必ずしも多くの実践に当てはまるとは言えないでしょう。

5．主体の編み直しは可逆的で循環する質的時間であるという点に対する批判

「主体の編み直しにおいて体験される時間は、一方向的な均質な量的時間なのではなく、可逆的で循環する質的時間なのだが、この点も、構成主義の理論は解決しているわけではない[27]」という批判です。この点についても、その意味するところを的確に把握するのは困難です。しかしながら、自己の変容を自己評価させることなどを通して、可逆的で循環する質的時間を問題にしている実践もあることを指摘しておきたいと思います。

1と2の批判はともかく、すでに述べたように、3以降は構成主義そのものに対する批判というよりも、どの理論についても言えるのではないでしょうか。また、少なくとも4の批判に関しては、ＯＰＰＡがその問題点を克服する一つの方法を提起していると考えられます[28]。

本稿で検討する内容が、右記の批判をどこまで克服できているのかは、学習者の変容などにより判断すべきであると筆者は考えています。

第4節　構成主義の考え方に基づく授業や学習の前提は何か

右で述べた考えに基づくと、授業や学習で何が重視されることになるのでしょうか。これまでの授業や学習と何ら変わりがないのであれば、取り立てて構成主義という考え方を導入する必要はありません。もちろん、教育が行われてきた歴史を検討してみると、有形無形あるいは意識しているかいないかにかかわらず、何らかの形で構成主義の考え方が反映されてきたことは事実です。それが明確な理論と方法でもって実施されるようになってきたのは、繰り返し述べているように１９８０年以降であると言ってよいでしょう。

1．既有の知識や考えの重視

構成主義では、人が外界を認識するときに吸い取り紙に水が吸いとられるように新しい知識や考えが入ってくるのではなく、個人がもっている既有の知識や考えとどのように結びつくのかが重要になってきます。したがって、授業や学習を考えるにあたっても、まず学習者が自然の事象をどのようにとらえているのかを問題にします。なお、経験や教育などを通して培ってきた、人が現在もっている知識や考えを素朴概念と言います。

要するに、素朴概念を解明し、それを授業や学習にいかに活用するかということなのです。

このとき、たとえ新しく学習しようとする内容であっても、人は日常の生活経験などを通して何らかの知識や考えを既にもっているという前提に立っています。つまり、構成主義の考え方に基づく学習観では、人が物事を認識する枠組みである認知構造の変容、すなわち既有の知識や考えと新しいそれとの結びつきがどのように行われるのかを問題にしています。

こうした考え方は、かつてピアジェにより同化、調節および均衡という言葉で説明されてきました[29]。同化とは、すでに所有している認知構造に環境を合わせることであり、調節は内面の認知構造を環境条件に合うように変化させることです。また、均衡とは同化と調節により認知構造と外の環境を調和させる活動です。

教師は医師と比較されることが多いです。素朴概念の解明は、医師にとって病気の診断に相当します。いわゆる診断的評価です。この場合、学習者を患者と比較しているのですが、もちろん学習者は病人ではありません。学習者は適切な科学的概念をもっていないという意味で、患者に例えて見ているわけです。日常の生活経験をただ積み重ねるだけでは、学習者が適切な科学的概念を形成し獲得することはありません。

もし、日常の生活経験を積み重ねることにより科学的概念が形成、獲得されるのであれば、学校教育は必要ないでしょう。学校教育の中で、適切な教師の指導や支援のもとに、科学的な知識や考えが構成されることが多いのです。しかし、これまでに教育実践の中で指導に生かすための診断的評価が適切に行われてきたとは言い難いでしょう。

ところで、素朴概念は、従来のようなペーパーテストでは明らかにすることができません。なぜならば、素朴概念が学習前の知識や考えを主として問題にしているのに対して、通常のペーパーテストは学習後の知識や考えを問題にしているからです。

いわゆるペーパーテストは、学習の成果をみているのであって学習前の既有の知識や考えを調べてはいません。それゆえ、素朴概念の解明は難しく、授業や学習の中で問題にされないのです。

このように見ていくと、医師が病気を治すためには、適切な診断を行い、薬で治すのか、手術が必要なのか、治療期間はどれくらいなのか等々を患者に伝えるのと同じように、教師は学習前の学習者の状態を的確に把握し、それをどのような方法で科学的概念にまで導いていくのか、そのためにはどのぐらいの時間が必要とされるのかを、教育の中で重視しなければならないことが明らかになってくるでしょう。

さらに、そのとき学習の主体である学習者が何を意識し、どのように学習活動を展開していくのかが重要になってきます。医者と患者の関係で言えば、病気の治療を医者に任せておくだけでは、効果をあげることができません。患者自身が自分の病気に対して積極的に関わることなしに快復は望めないのです。すでに述べたように、学習者は病人ではありませんが、適切な科学的概念を形成獲得するためには、学習者自身の学習に対する積極的な働きかけとその確認がどうしても必要になってきます。そこで出てくるのが、学習目標と指導目標の明確化と自己評価の必要性です。ここで、自己評価とは、学習者自身が、自己の学習目標に照らして学習状況を把握し、学習の改善に生かすことを意味しています。

素朴概念は、教育が何を目指して行われるのかを考えるときに避けて通ることができません。また、素朴概念と学習目標、指導目標および自己評価は、構成主義の考え方のきわめて重要な前提として不可欠であると言えます。

2. 学習および指導目標の明確化

これまでの教育実践の中では、学習目標と指導目標を明確な区別のもとに使用してきませんでした。それは、その必要性を感じてこなかったからに他なりません。さらに、必要性の欠如は、目標と表裏一体の関係にある教育評価が無視あるいは軽視されてきたことに他ならないのです。

学習目標は学習者が、指導目標は教師がもつべきものです。これを区別するのは、当たり前のことですが、学習の主体が誰であるのかということと深く関わっています。言うまでもなく、学習の主体は学習者です。

学習目標をもたない学習者に自己評価を行わせることなど、矛盾していると言わざるを得ません。しかし、こうしたことがあいまいなままに放置され、学習目標をもたない学習者が自己評価をしているという実に奇妙なことが平然と行われてきているのです。

学習が学習者のものであり、学習者の適切な変容が重要であると考えるならば、学習目標と指導目標の明確化とその確認、つまり自己評価と教育評価が帰結されることになります。

ただ、学習において、始めから学習者が学習目標をもつことは不可能に近いでしょう。学習の進展とともに学習目標をもつように指導していくのが授業の目的になると考えられます。

次章で検討する図3－1は、上で述べたことを既有の知識や概念および教育目標との関わりのもとにまとめたものです。

3．学習による変容の重視

構成主義の授業や学習は、既有の知識や考えと新しいそれがどのように結びつくかが問題となります。それゆえ、素朴概念が授業や学習によってどのように変わるのか、また変えるのかが問われることになります。素朴概念を重視した授業や学習の構成は、ただ単に新しい知識や考えを学習者に伝えたり、説明したりするだけではないので、かなり工夫が求められるでしょう。こうした点も、これまでの授業観や学習観と大きく異なっています。

そこで、学習による変容を確認する方法が必要となります。それを調べるには、学習履歴を明確にしていく方法が考えられます。ＯＰＰＡは、学習による変容を学習履歴として記録し、学習効果を学習者と教師が確認していくのです。

学習履歴の重視という考え方も、これまでの教育実践の中で明確な形で位置づけられてきてはいません。そのため、学習者の何が、どのように、またなぜ変容したのかを解明する手立てが得られなかったのです。

つまり、これまでの教育を医師が病気を治すことに例えると、治療にどの方法を選び、その処置によって病気が改善したのかしなかったのか、それがわからないままに手探りの治療が行われてきたのです。これでは、よい教育ができるはずがありません。

教師も医師と同じく、適切な概念形成のための優れた道具を持つこと、および絶えずそれを磨き続けることが求められています。ＯＰＰＡは、そのための一つの道具と考えることができます。

4. 変容を把握するための教育評価の重視

これまで述べてきたように、構成主義の考えに基づく授業や学習は、まず素朴概念を明確にし、それを科学的概念に変えることが求められています。それゆえ、学習により学習者の素朴概念がどのように変容したのかを把握するための教育評価が重要になってきます。

学習者の素朴概念の変容を把握する一つの方法として、学習の過程を重視するポートフォリオ評価があげられます。このような評価が重視されるのは、学習者の学習状況がわかっていなければ教師がどこにどう働きかけたらよいのかが明確にならないからです。明確にならなければ、適切な資質・能力の育成は望めないからです。

これまでの教育評価は、ただ学習の成果だけを問うことに終始していた感が否めません。素朴概念の存在を意識しない、あるいは存在していないと考えれば、それも当然でしょう。しかし、身の回りの事象に関する素朴概念をもっているのであれば、それを評価の対象にし、どのような状態に変わったのかを押さえなければなりません。

これまで構成主義の考え方の中で教育評価をどう行うのかを提案してきているのは、冒頭で言及したウィギンス（Wiggins, G.）らの研究ぐらいしか見当たりません。彼らの方法の骨子は、教育目標（求められている結果）をまず決定、次に教育評価（結果の根拠）を考え、その後で学習や教育方法（結果を生み出す方法）を考えるというものです[30]。

そのときの教育評価では、パフォーマンス課題とその到達度を判断するためのループリック作りが求められます。これは、研究としては可能かもしれませんが、毎日の実践の中で行うには限界があるでしょう。

そのような点も考慮して、ＯＰＰＡは点数化することや評定に用いることは意図していません。ここでも、学習は学習者自身のために行われるものであるという点を重視し、授業や学習の中で最も大切だと学習者が考えていること、あるいは教師が学習者に育てたいことを中心にして評価を行い、メタ認知能力を自己評価によって育成しようとしているのです。

第５節　構成主義の考え方に基づく教授・学習論と状況論的学習論

構成主義の考え方に基づく教授・学習論の考え方に続くものとして、状況論的学習論があります[31]。教育学の世界は流行に流される傾向が強いですが、一般的には、構成主義の考え方に基づく教授・学習論の次に来るのが状況論的学習論であるととらえられています。

こうした教育学におけるとらえ方はさておくとして、ここで問題にしたいのは、構成主義の考え方に基づく教授・学習論と状況論的学習論に関係はあるのかないのかということです。結論を先に言えば、構成主義の考え方に基づく教授・学習論の中には状況論的学習論の考え方がすでに含まれていると考えられます。

構成主義の考え方に基づく教授・学習論の中にも、本章の冒頭で指摘したように、さまざまな考え方があります。しかし、これらはあくまで研究者からの見方や考え方であって、教育実践をもとにした学習者からの見方や考え方を前提にする必要があります。

教育におけるどのような構成主義の考え方でも、学習者一人ひとりが前提となっていて、最初から集団を前提としているのではありません。異なっているのは、どこに重点を置いて考えるかです。それはともかくとして、学習者一人ひとりは、各自の固有な生活経験から既有の知識や考え、すなわち素朴概念を形成・獲得しています。そこには、多くの状況や人が関わっているのであり、何の影響も受けることのない状況の中で知識や考えを構成していることはあり得ません。

このように検討してみると、構成主義の考え方と言えども、見方によっては状況論ととらえることができるのではないでしょうか。要するに、学習者の学習や授業の何を強調するかによって主義主張が異なってくると言えます。大切なのは、このような見方や考え方を変えることによって学習者の望ましい変容が得られるかどうかという観点から検討される必要があるということです。

状況論的学習論によって、学習者の適切な資質・能力が育成されるのであれば、それを受け入れることが必要であるし、そうでなければ構成主義の考え方に基づく教授・学習論で何の問題もないというわけです。

註

1）たとえば、今野喜清・新井郁男・児島邦宏編『学校教育辞典』教育出版 p.286 2003

2）Wiggins, G. and McTighe, J., *Understanding by Design, Expanded 2nd Edition*, ASCD, pp.13-34, 2005.（邦訳：西岡加名恵訳『理解をもたらすカリキュラム設計』日本標準 2012）

3）たとえば、日本教育方法学会編『現代教育方法事典』図書文化 p.34 2004 や辰野千壽・石田恒好・北尾倫彦監修『教育評価事典』図書文化 p.103 2006など。

4）数少ない中で、以下の文献をあげることができる。堀　哲夫「構成主義学習論」日本理科教育学会編『理科教育学講座5　理科の学習論（下）』pp.105-226 東洋館出版社 1992　久保田賢一『構成主義パラダイムと学習環境デザイン』関西大学出版部 2000

5）高橋金三郎・細谷　純『極地方式入門』国土社 1972

6）斎藤喜博『斎藤喜博全集 別巻 1』国土社 p.236 1970

7）東井義雄『東井義雄著作集 1』明治図書 1972

8）堀　哲夫「構成主義と理科教育」『理科の教育』Vol.57 No.666 pp.42-45 2008

9）Mintzes, J. J., Wandersee, J. H., & Novak, J. D.（Eds.）, *Assessing Science Understanding; A*

Human Constructivist View, Academic Press, pp.370-373, 2000.
10) *Ibid.*, p.371.
11) *Ibid.*, p.372.
12) National Science Teachers Association, *Standards for science teacher preparation* (Rev. ed.), Retrieved August 1, 2004, from http://www.nsta.org/main/pdfs/NSTAstandards 2003.pdf.
13) Qualifications and Curriculum Authority, *National curriculum for England*, Retrieved August 10, 2004, from http://www.nc.uk.net/html.
14) 福田誠治『競争しなくても世界一：フィンランドの教育』アドバンテージサーバー p.6 2005
15) Fraser, B. J., *National society for the study of education, 94th yearbook*, University of Chicago Press, 1995.
16) Phillips, D. C. (Ed.), National society for the study of education, 99th yearbook, University of Chicago Press, 2000.
17) Mathews, M. R., Appraising Constructivism in Science and Mathematics Education, In Phillips, D. C. (Ed.), *op.cit.*, p.161.
18) Fensham, P. J., Science and technology., In P. W. Jakson (Ed.), *Handbook of research on curriculum*, pp.789-829, Macmillan, 1992.
19) Taber, K. S.,"Beyond Constructivism : the Progressive Research Programme into Learning Science", *Studies in Science Education*, Vol.42, pp.125-184, 2006.

20) たとえば、文部省『小学校学習指導要領解説　理科編』（東洋館出版社 平成11年 p.14）の「自然の性質や規則性などの自然の特性の理解とは、児童の既有のイメージや概念と深い関わりがあり」などの表現に表れている。

21) 板倉聖宣『仮説実験授業』仮説社 1974

22) Bowers, C. A., *The False Promises of Constructivist Theories of Learning*, Peter Lang Pub., 2005.

23) Phillips, D. C.（Ed.）, *op.cit.*, p. 276.

24) Phillips, D. C.（Ed.）, *op.cit.*, p. 277.

25)～27) 佐藤　学『教育方法学』岩波書店 p.72 1996

28) 堀　哲夫編著『子どもの学びを育む　一枚ポートフォリオ評価　小学校編』日本標準 2006

29) 波多野完治監修『ピアジェ双書４　ピアジェの発生的認識論』国土社 1982

30) Wiggins, G. and McTighe, J., *op.cit.*.

31) Lave, J. and Wenger, E., *Situated learning: Legitimate peripheral participation*, Cambridge: Cambridge University Press, 1991.（邦訳：佐伯　胖『状況に埋め込まれた学習：正統的周辺参加』産業図書 1993）

第3章

資質・能力の育成過程を重視した学力モデルとOPPA

本章では、まずＯＰＰＡの教育目的・目標観がどのようなものであるのかを明らかにしましょう。そのとき、学習者の素朴概念は、学習目標および指導目標とどのような双方向性をもつのでしょうか。そして、診断的・形成的・総括的評価とそれらがどのように関わりながら、教育目標の達成に向かっていくのでしょうか。それらを踏まえて、ＯＰＰＡはどのような学力観に基づき、どのような学力モデルを提案できるのか、さらにＯＰＰシートの具体的内容と学力モデルの要素がどう関わりながら科学的概念が形成されていくのかを検討していきます。

第1節　ＯＰＰＡの教育目的・目標観

これまで、多くの学力モデルが提案されてきましたが[1)]、その形成・獲得の過程が明確になっているものは、ほとんどありません。たとえどのように優れたものが提案されたとしても、「絵に描いた餅」であっては意味がありません。本節では、まず学力モデルの前提となる教育の目的・目標をどう考えたらよいのかという検討から始めることにします。

ＯＰＰＡの考えでは、教育の目的・目標を考えるにあたって、教育目的、教育目標、指導目標、学習目標を明確に区別しています。先述したように、学習目標は学習者自身が、指導目標は教師がもつものであり、両者を合わせたものが教育目標です。そのさらに高次なものを教育目的ととらえています。

教育の目的・目標と教育評価は密接に関係しており、診断的・形成的・総括的評価との関係、および学習や授業との関係を示したものが図３－１です[2]。

ＯＰＰＡでは、学習者の素朴概念を学習や授業の前提としています。それがどのような過程や変容を経て、学習目標、指導目標および教育目標に至るのかが図３－１に示されているのです。そして、図中の学習履歴や指導履歴および教育評価の具体的内容と方法を具

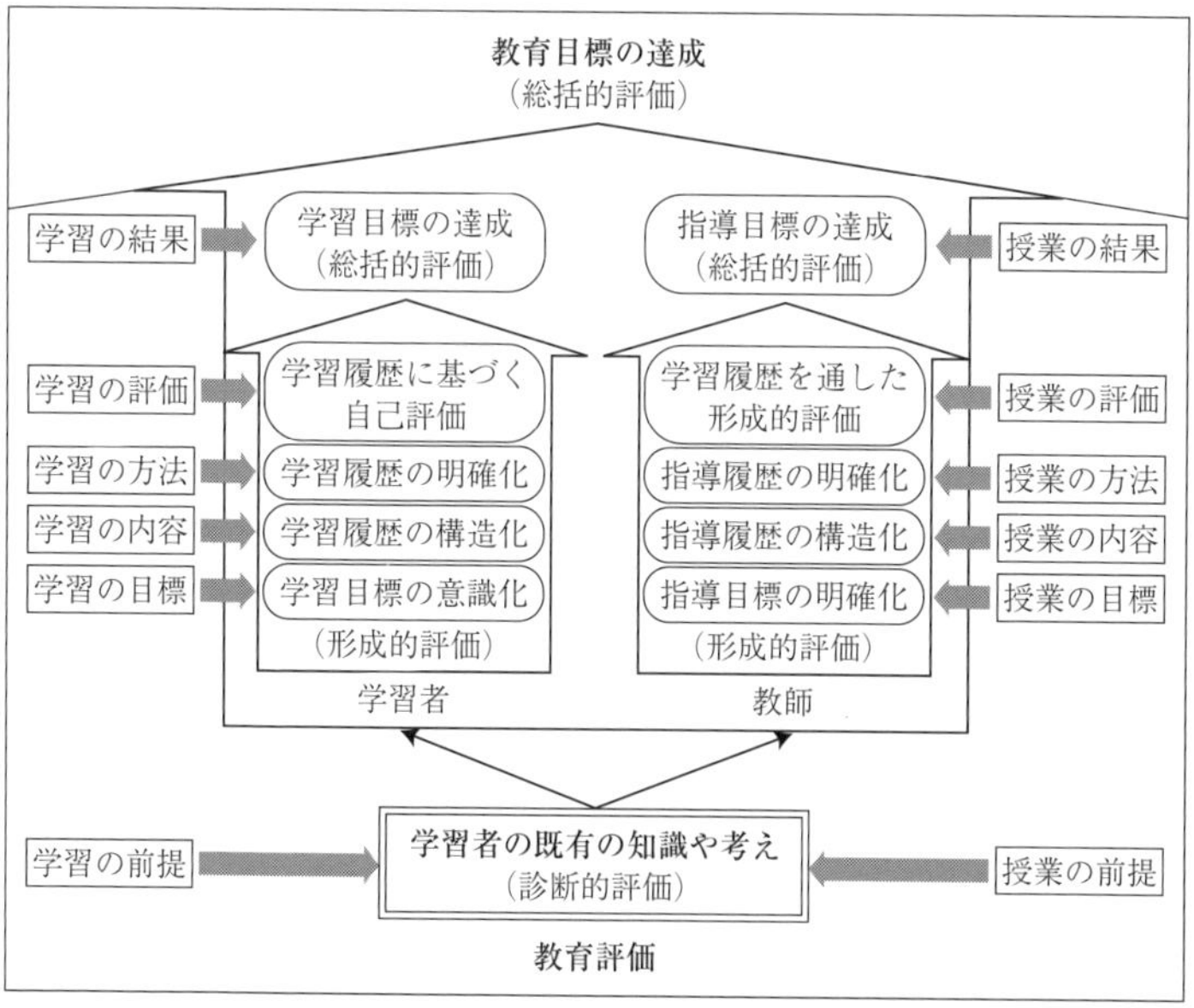

図 3-1　教育目標と学習および指導目標の達成との関係 :OPPA の目標観

現化していくのがOPPシートです。

図から明らかなように、学習目標と指導目標が包括、統合されて教育目標になります。図にはありませんが、さらに上位に位置しているのが教育目的です。教育目的とは、たとえば「教育による人格の完成」などの最上位に位置づけられるものです。

学習や授業では、学習目標、指導目標、教育目標のレベルで議論されることが多いでしょう。

第2節　OPPAの学力モデル

OPPAでは、素朴概念、資質・能力の育成、思考や認知過程の内化・内省・外化、自己評価などが重視されることはすでに述べました。では、いったいそれらが学力形成とどのように関わっているのでしょうか。

OPPAで育成する資質・能力とその形成過程を示したのが図3－2です[3]。この図の中に書かれているそれぞれの内容については、第4章以降で詳しく説明しますが、まずは学力モデルの全体像をここでは押さえておきましょう。

図3－2において、学習前の素朴概念が学習中のOPPシートの学習履歴を通して、学習後の科学的概念にまで変容していく過程が一番下に示されています。この過程の中

で重要な役割を果たしているのが思考や認知過程の内化・内省・外化や自己評価であり、メタ認知です。それらが適切に機能することによって、科学的概念の形成が行われるのです。

このモデルでは、こうした科学的概念のみならず、自己評価の能力やメタ認知の能力を、教師の適切な指導のもとに使いこなすことにより、高めていくこともねらいとしています。適切な科学的概念の形成のためには、それらの資質・能力を欠くことができないからです。

ここで、科学的概念は科学概念と区別して用いています。科学概念とは、当該専門分野の専門家の多くが支持している知識や考えを言います。科学的概念は、科学概念に至るまでの過程にあるものを指していま

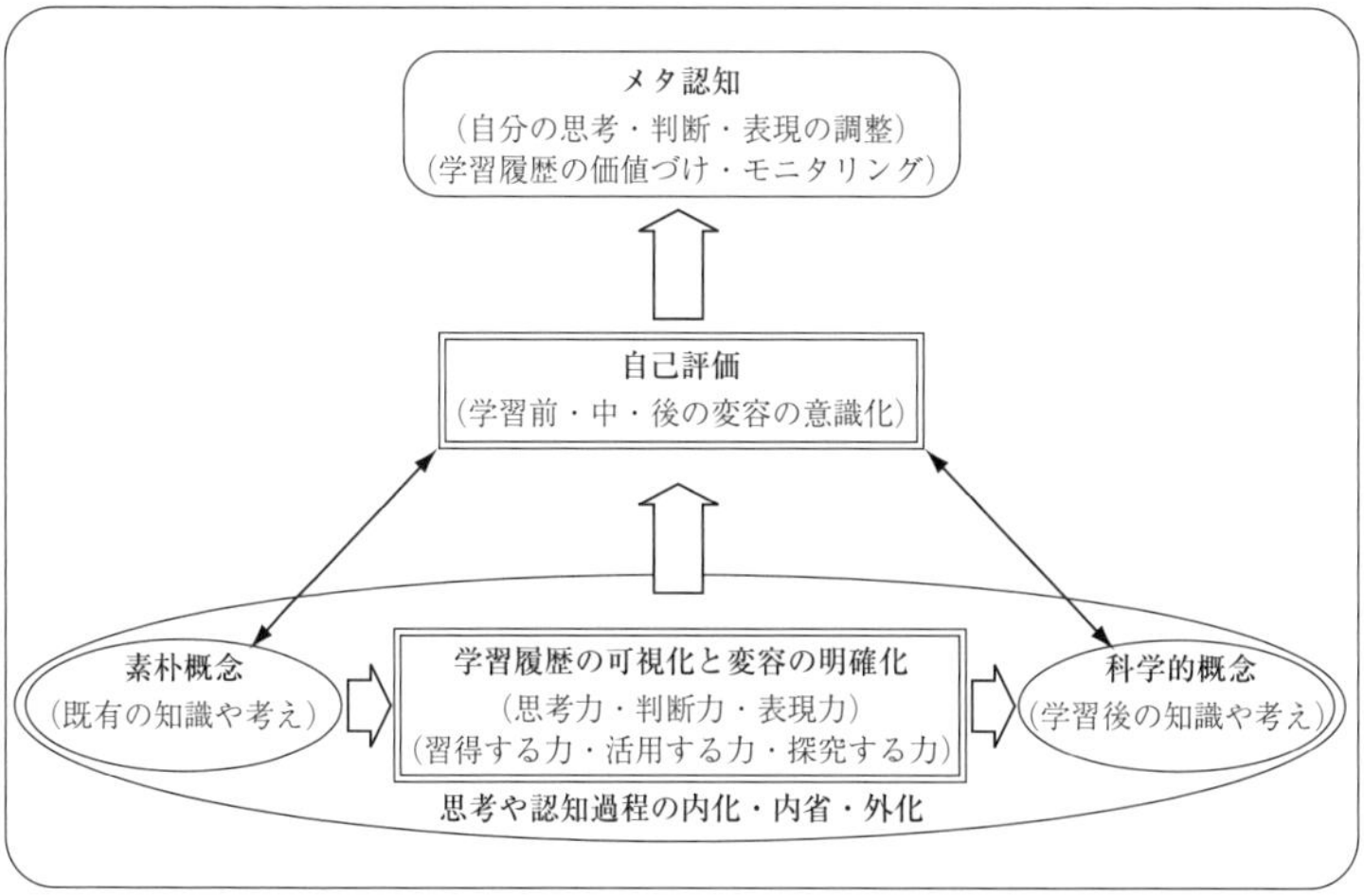

図 3-2　OPPA の学力モデル

す。学習によって獲得される概念は、科学概念にまで到達し得ていないという意味で科学的概念という用語を用いているのです。

素朴概念から科学的概念に至るまでの過程において、授業の中で、学習者と教師の相互作用を通した思考や認知過程の内化・内省・外化が行われ、習得する力、活用する力、探究する力が形成・獲得されます。

また、ＯＰＰシートの学習履歴の中で「授業の一番大切なこと」を書くことにより、思考力・判断力・表現力が育成されると考えられます。学習者が自分の頭で考え、何を選択するか判断し、どう表現するかというところに、教師が働きかけていくからです。

さらに、自己評価では、学習により何がどう変わり、それについて自分はどのように思っているのかなど、学習全体を振り返ることを行い、学習状況の評価と改善に向けて働きかけを行います。それがメタ認知能力の育成につながっていくのです。

このモデルを見れば明らかなように、資質・能力や高次の学力の育成には、学習前・中・後の変容、つまり学習履歴の意識化とそれを促す思考や認知過程の内化・内省・外化、さらに自分の思考・判断・表現の調整、学習履歴の価値づけ・モニタリングなどが重要です。ここで、高次の学力とはメタ認知の能力を言います。

こうした働きかけを通して学習状況を改善するとともに、目標とする資質・能力が育成されたかどうかを、一枚の用紙の中で確認するのがＯＰＰシートです。これまで、理想としての学力モデルはありましたが、授業実践までも視野に入れ、かつその形成および獲得過程までも含めて提案されてきたものはほとんどありません。

これからは、実践を視野に入れた教育実践の学力モデルを提案し、実践に移し、その効果を検証していく地道な作業が求められています。

第3節 OPPAの学力モデルとOPPシートの構成要素との対応関係

では、OPPAの学力モデルとOPPシートの関係はどうなっているのでしょうか。その対応関係を示したものが図3－3です[4)]。OPPシートでは、学習前の素朴概念と学習の成果である学習後の科学的概念を「学習前・後の本質的な問い」として押さえています。

次に、思考力、判断力、表現力等を学習履歴として把握します。「授業の一番大切なこと」をまとめるためには、思考や認知過程の内化・内省・外化を適切に機能させることが重要です。その結果として、学習の何をどう選び、考え、表現するかという思考力・判断力・表現力等を育成できるのです。

さらに、自己評価によって自らの学習をモニタリングするとともに価値づけを行うメタ認知の能力を、学習の過程および全体を通して把握します。

このように、OPPAの学力モデルは、OPPシートを構成する要素と深く関わっているので、適切に活用することによって高次の学力が育成できると考えられます。

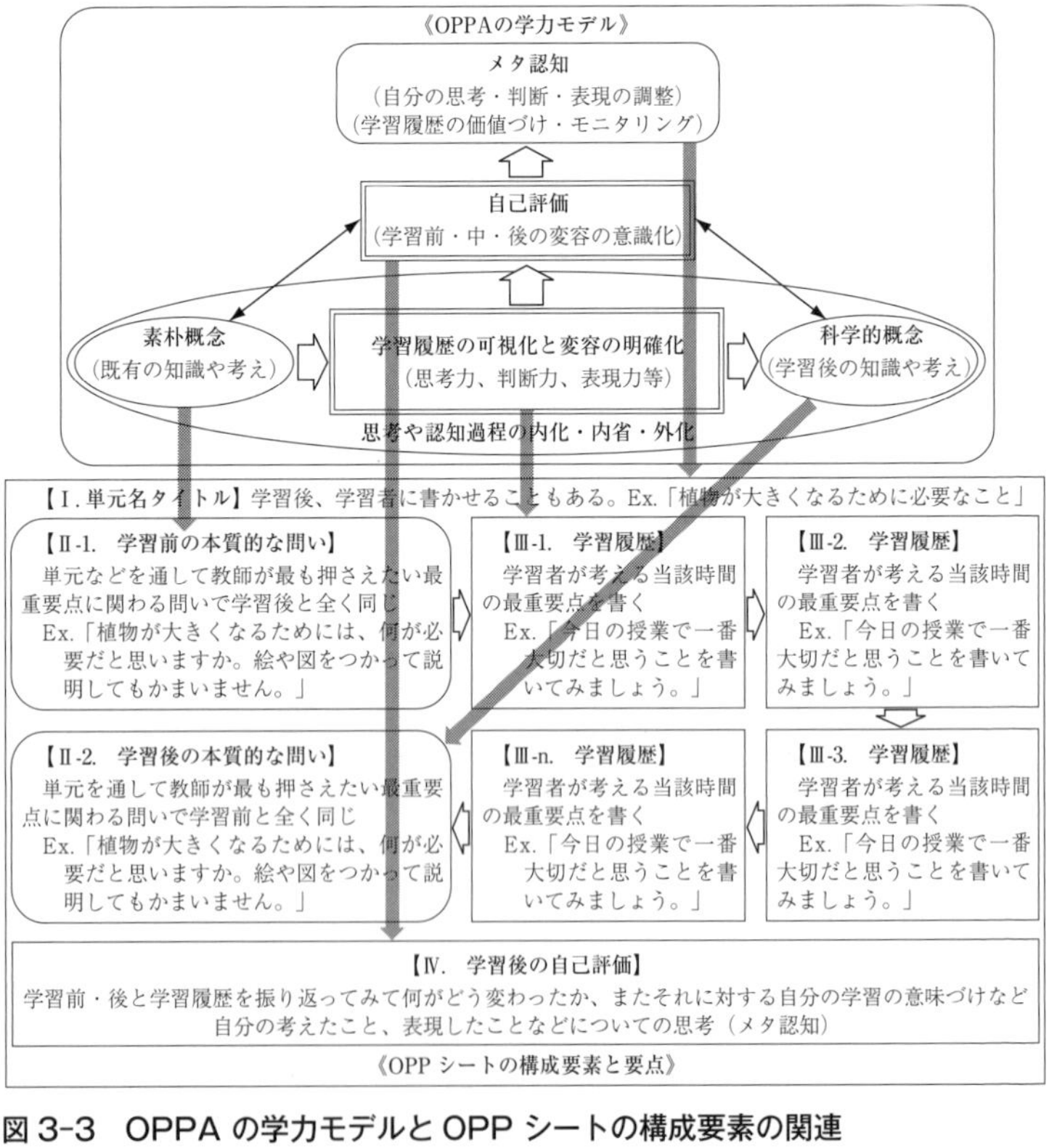
《OPPAの学力モデル》
メタ認知
(自分の思考・判断・表現の調整)
(学習履歴の価値づけ・モニタリング)
自己評価
(学習前・中・後の変容の意識化)
素朴概念
(既有の知識や考え)
学習履歴の可視化と変容の明確化
(思考力、判断力、表現力等)
科学的概念
(学習後の知識や考え)
思考や認知過程の内化・内省・外化
【I.単元名タイトル】学習後、学習者に書かせることもある。Ex.「植物が大きくなるために必要なこと」
【II-1. 学習前の本質的な問い】
単元などを通して教師が最も押さえたい最重要点に関わる問いで学習後と全く同じ
Ex.「植物が大きくなるためには、何が必要だと思いますか。絵や図をつかって説明してもかまいません。」
【III-1. 学習履歴】
学習者が考える当該時間の最重要点を書く
Ex.「今日の授業で一番大切だと思うことを書いてみましょう。」
【III-2. 学習履歴】
学習者が考える当該時間の最重要点を書く
Ex.「今日の授業で一番大切だと思うことを書いてみましょう。」
【II-2. 学習後の本質的な問い】
単元を通して教師が最も押さえたい最重要点に関わる問いで学習前と全く同じ
Ex.「植物が大きくなるためには、何が必要だと思いますか。絵や図をつかって説明してもかまいません。」
【III-n. 学習履歴】
学習者が考える当該時間の最重要点を書く
Ex.「今日の授業で一番大切だと思うことを書いてみましょう。」
【III-3. 学習履歴】
学習者が考える当該時間の最重要点を書く
Ex.「今日の授業で一番大切だと思うことを書いてみましょう。」
【IV. 学習後の自己評価】
学習前・後と学習履歴を振り返ってみて何がどう変わったか、またそれに対する自分の学習の意味づけなど自分の考えたこと、表現したことなどについての思考(メタ認知)
《OPP シートの構成要素と要点》

図 3-3 OPPA の学力モデルと OPP シートの構成要素の関連

第4節　学習指導要領の資質・能力とOPPAのねらいとする資質・能力

小学校では令和2年から、中学校では令和3年から全面実施となる新しい学習指導要領は、わが国が行ってきた学校教育の成果を踏まえ、子どもたちが未来社会を切り拓くための資質・能力をより一層確実に育成することを目指しています[5)]。従前の学習指導要領が、知識および技能と思考力、判断力、表現力等の調和のとれた育成を目指していたことを踏まえて、今後はそれをさらに推し進め、確かな学力を育成することが求められます。

1．新学習指導要領の目指す学力観とその形成・獲得

従前の学習指導要領によれば、確かな学力を育成するためには、「基礎的・基本的な知識や技能などの習得を重視するとともに、観察・実験やレポートの作成、論述など知識・技能の活用を図る学習活動を充実すること、（中略）教科等の枠を超えた横断的・総合的な課題について各教科等で習得した知識・技能を相互に関連付けながら解決するといった探究活動の質的な充実を図ることなどにより思考力、判断力、表現力等を育成する[6)]」ことが必要であると説かれています。

これだけ見ると、新しい学習指導要領は、従前のそれと大差ないように思われるのですが、以下の三点において異なっています[7]。

①育成を目指す資質・能力の明確化

②「主体的・対話的で深い学び」の実現に向けた授業改善の推進

③各学校におけるカリキュラムマネジメントの推進

以下、学力の形成・獲得と深く関わっている①と②について検討してみましょう。図3－4は、この二点の関係について、中央教育審議会の答申に示された資質・能力の三つの柱の図[8]、および学習指導要領解説総則編などを基に筆者が構造化した学力モデルです。

図3－4で、左端は、「何を理解しているか、何ができるか」という「知識及び技能」、「理解していること・できることをどう使うか」という「思考力、判断力、表現力等」、「どのように社会・世界と関わり、よりよい人生を送るか」という「学びに向かう力、人間性等」という子どもが持っている既有の資質・能力を示しています。

図3－4の真ん中にある「主体的な学び」「対話的な学び」「深い学び」は、子どもの既有の資質・能力の質的改善を図っていく学習過程における学びを示しています。

図3－4の右端にある三つの枠内は、形成・獲得されたそれぞれの資質・能力を示しています。したがって、右端は望ましい学力の到達点と考えることができるのですが、

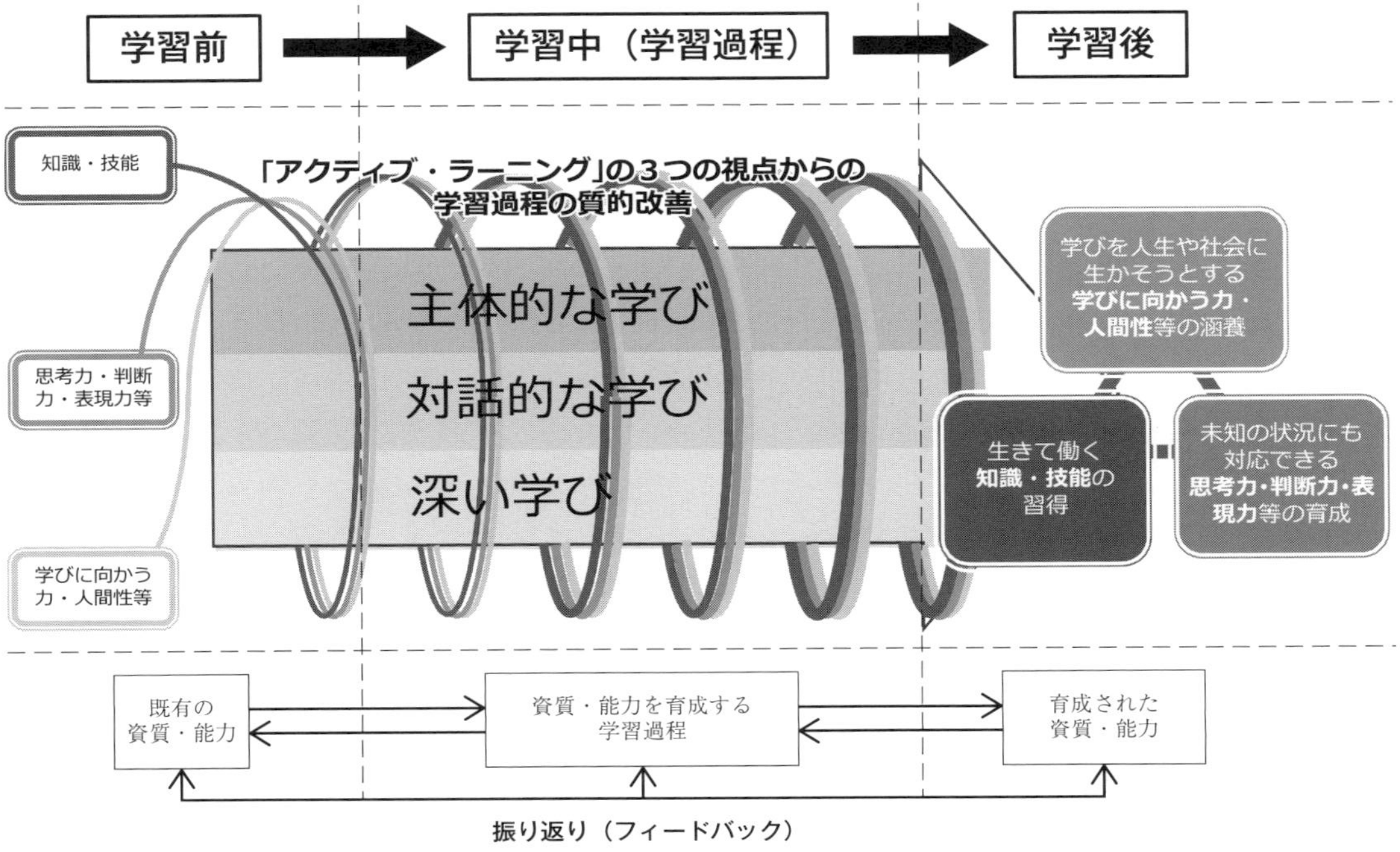

図 3-4　新学習指導要領の学力観と資質・能力の育成（筆者が加筆・修正）

これらは右端がさらに次の学習への出発点となるようなスパイラルな関係にあるととらえるべきでしょう。

図３－４の一番下の三つの枠内は、それぞれ左から「既有の資質・能力」、「資質・能力を形成・獲得する学習過程」、「形成・獲得された資質・能力」を示しています。それぞれに「振り返り」という学習活動が伴うと、より質的に高められる適切な学習活動になると考えられます。

そして、図３－４の上段、中段、下段がそれぞれ対応関係にあることも注目して見ていただきたいと思います。学習指導要領ではこのような対応関係が説明されているわけではありません。学習指導要領の意図している学力観に関わる要素を構造化してみると、一つの考え方としてこのような説明が可能になるということです。

このように検討してみると、質の高い学力の形成・獲得には、学びの質や深まりが重視されます。そのためには、学習過程における適切な学習活動および教師の指導、学習全体を通した学びの変容の把握が重要です。このような視点は、第３章第２節で検討したＯＰＰＡの学力モデルと、たとえ表現の仕方が異なっていても、かなり類似した視点をもっていることがおわかりいただけるのではないでしょうか。

2. OPPAと新学習指導要領の目指すそれぞれの学力観

本書の初版が出版された当時、海外においてはPISAの学力論をはじめとして、子どもの資質・能力の育成は喫緊の課題でした。ところが、わが国において資質・能力の重要性は認識されていたのですが、必ずしも実践や研究が深められてはいませんでした。

残念なことに、教育の目的は何か、さらに言えば子どもが学ぶことの意味は何かという本質的な検討、とりわけ学習や授業に関するこれらの検討があまりなされてこなかったと言えるのではないでしょうか。著者によるOPPAでは、遅遅とした歩みではあるものの、およそ20年以上前から資質・能力の育成に関する研究を積み重ねてきました。

新学習指導要領の内容を検討すると、OPPAが提案する学力の形成・獲得とかなり類似した点が多く見られます。OPPAは、新学習指導要領が示されるかなり前から、それに類似した研究・実践を行ってきたということに、まず注目してほしいと思います。

それでは、新学習指導要領が育成しようとしている学力観とOPPAのそれが、どう類似しているのか、また何が異なっているのか、重要と考えられる五点に限って検討してみたいと思います。以下の(1)から(4)までが両者の類似している点で、(5)は異なっている点と考えられます。

(1) 新学習指導要領が意図している「生きる力」や「確かな学力」の視点とOPPAの「メタ

認知」の視点が同じである点

新学習指導要領には、「メタ認知」という言葉も導入されていますが、「生きる力」と「メタ認知」は、定義の仕方にもよるものの、ほぼ同義であるととらえて差し支えないと、本書では考えています。

「生きる力」とは、平成8年の中央教育審議会答申によれば、「基礎・基本を確実に身に付け、いかに社会が変化しようと、自ら課題を見つけ、自ら学び、自ら考え、主体的に判断し、行動し、よりよく問題を解決する資質や能力、自らを律しつつ、他人とともに協調し、他人を思いやる心や感動する心などの豊かな人間性、たくましく生きるための健康や体力など[9]」と示されています。この文言の前半部分は、「メタ認知」に匹敵するのです。本書は、第3章第2節図3－2のモデルに示したように、「メタ認知」を最も高次な学力として位置づけています。

(2) 「生きる力」や「メタ認知」を育むために、資質・能力の育成を目指している点

これについては、図3－2のOPPAの学力モデルと図3－4の学習指導要領のそれとを比較すれば明らかであると考えられます。

(3) 両者とも学力の形成過程を重視している点

このことも、図3－2と図3－4の学力モデルから明らかになっているでしょう。これからは、両者に示されているような、学力の形成過程を明確にする必要があります。

それが明確にならなければ、たとえいかに高邁な内容であったとしても、その実現は難しいと考えられるからです。このことは、従前の学習指導要領における「生きる力」の位置づけをみれば明らかでしょう。

(4) 見通しを立てたり、振り返ったりする学習活動を重視している点

学習者が学習前・中・後を通してどのように変わったのか、そのことについてどのように思うのかという学びの変容を、具体的事実に基づいて意識化することは、学習者自身が成長を実感し、なぜ学ぶのかという意味を知る上でとても重要です。そのため、学習指導要領では、学習評価において自己評価も重視されています。学習者の自己評価は、本来、学習の見通しや振り返りの関係のもとに行われる必要があると考えられます。学習指導要領の学力モデルは、ＯＰＰＡのそれに匹敵するほど両者の関係が明確になっているとは思いませんが、学習指導要領解説の中に多くの文言として表現されています。

(5) 学習指導要領の観点別学習状況の評価とＯＰＰＡの評価が異なる点

最後に、学習指導要領の観点別学習状況の評価とＯＰＰＡのそれに対する考え方の違いについて検討しておきたいと思います。この点だけと言ってもよいのですが、両者の違いはここにあります。学習指導要領は目標に準拠した評価の実質化を図るため、「知識・技能」、「思考・判断・表現」、「主体的に取り組む態度」[10]の三観点から学習の達成状況を見取り、改善を図ろうとしています。それに対してＯＰＰＡは、こうした評価に

対してもっとゆるい規準を設定しています。教師の意図した「授業の一番大切なこと」より上か下かという程度の規準で判断し、評価しようとしているのです。

ＯＰＰＡがこのように判断する理由は二つあります。一つは、観点別学習状況のように目標に準拠した評価を行おうとすると、教師の想定外の活動をした学習者のよさを把握できないという事態が起こってくるのを避けるためです。学習者は教師の想像をはるかに超えたよさを、時として表現します。この実態を把握するためです。

もう一つは、これはあまり本質的ではないかもしれませんが、先生を忙しさから解放するためです。もちろん、学習者のよさを伸ばし成長を助けるためにどうしても必要であるならば、物理的繁忙さ云々は問題になりません。しかしながら、学習者のよさを引き出し、それを伸ばすためには、ＯＰＰＡの評価観のほうに利があると考えているのです。

いずれにしても、どちらが学習者にとって適切であるのかは、実際の学習や授業を通して検証していくことが求められているでしょう。

註

1)これまでに提案されてきた代表的な学力モデルについては、次の文献を参照のこと。田中耕治「学力モデル再考」兵庫教育大学大学院教育方法講座編『授業の探求』第4号 pp.7-22 1993

2) 堀 哲夫『学びの意味を育てる理科の教育評価』東洋館出版社 p.15 2003
3) 堀 哲夫「これから小中学校で育てたい理科の学力」『指導と評価』Vol.57 pp.19-22 2011
4) 堀 哲夫「OPPAの基本的骨子と理論的背景の関係に関する研究」『山梨大学教育人間科学部紀要』Vol.13 pp.94-107 2012
5) 文部科学省『小学校学習指導要領（平成29年告示）解説 総則編』東洋館出版社 2018
6) 文部科学省『小学校学習指導要領解説 総則編』東洋館出版社 2008
7) 文部科学省『小学校学習指導要領（平成29年告示）解説 総則編』東洋館出版社 2018
8) 中央教育課程審議会「幼稚園、小学校、中学校、高等学校及び特別支援学校の学習指導要領等の改善及び必要な方策等について（答申）」補足資料 p.12 2016.12
9) 中央教育審議会「21世紀を展望した我が国の教育の在り方について（第1次答申）」1996.7
10) 文部科学省『小学校学習指導要領（平成29年告示）解説 総則編』東洋館出版社 2018

第4章

OPPAの学習観と授業観および授業のグランドデザイン

ＯＰＰＡは、通常の学習や授業の中で取り入れることができます。ＯＰＰＡの考え方を導入したからと言って、最初から学習や授業を新しいものに変える必要はありません。しかし、ＯＰＰシートを用いて学習や授業を行ってみると、多くの場合、教師の想定していた通りに学習者が活動していない、適切な資質・能力が育成されていない、などと気づかされることが多くあります。何はともあれ、今まで通りの授業を行いながらＯＰＰシートを使ってみることです。

ＯＰＰシートと学習指導案の作成を一緒に行い、授業を通して授業中・後の教材研究をさらに重ねてみると、これまでは大丈夫と思い込んでいた学習や授業の粗が見えてきます。つまり、ＯＰＰシートには、授業を評価し改善するという目的もあります。

ＯＰＰＡを導入したからと言って学習や授業を変える必要はないと述べましたが、導入後、多くの課題に気づいたならば、それにどう対応していくかを考える必要が生じます。そうすると、ＯＰＰＡの求めている学習観や授業観も明確になってくるでしょう。

このように、ＯＰＰＡの学習観や授業観はＯＰＰシートを用いることによって次第に明らかになってくるのですが、それはさておき、どのような見方や考え方を背景にしているのかを検討してみることにしましょう。教育実践において学習観や授業観の違いにまで踏み込んで詳細に検討することは、ほとんどありません。しかしながら、こうした検討は、教育目標の達成を考えるときに避けては通れないものです。

ここで検討する学習観や授業観は、ＯＰＰシートに具現化されているので、第１章第２節の図１－２のシートと対応させてお読みいただければと思います。

第１節　ＯＰＰＡの学習観

ＯＰＰＡの定義や第１章第１節の図１－１からも明らかなように、ＯＰＰＡは学習の前提として学習者の素朴概念およびその変容を重視しています。こうした前提から考えると、学習を以下のように考えることができます。

学習とは、素朴概念が教師の働きかけや教材を媒介として科学的な知識や考えに変容するという過程を経て、自ら学ぶ力を獲得するとともに、学ぶ意味や必然性および自己効力感を感得することです[1]。

図４－１は、ＯＰＰＡの学習観を示したものです[2]。この図では、学習の過程として、学習者が何を知っているのかあるいは知らないのかを明確にし、「学ぶ」、「知る」、「理解する」、「考える」、「判断する」、「行動する」という要素を前提にしています。この要素としての過程が繰り返されていくのが学習と言えます。こうした要素に加えて、それぞれ学習の過程に両脇から「考える」、「判断する」という作用が常に関わっていると考えられます。その中には、「メタ認知」も、その深浅の差はあるにしても、学習の全

過程に絶えず関わっていると考えられます。否、学習とは、そのような意識化に向けて行われるものだと考えるべきではないでしょうか。そうでなければ、「生きる力」は育ちようもありません。図の左右の縦線が上に向かって広がっているのは、学習とともにその資質・能力がついてくることを表しています。

この図からも明らかなように、「考える」「判断する」とき、たとえ意識の強弱はあるとしても、それが教えられようと教えられまいと、また学習者が意識しようとしまいと、どのようなレベルにおいても自分の活動そのものについて考える「メタ認知」の萌芽はあります。それに気づかせ、磨き上げるための適切な働きかけをするのが授業に他なりません。

このように検討してみると、学習は「考える」レベルでとどまっているのではなく、「行動する」ところまで到達することが重要であり、かつそれを改善するための手立てを学習者自身がもつということが求められるのではないでしょうか。

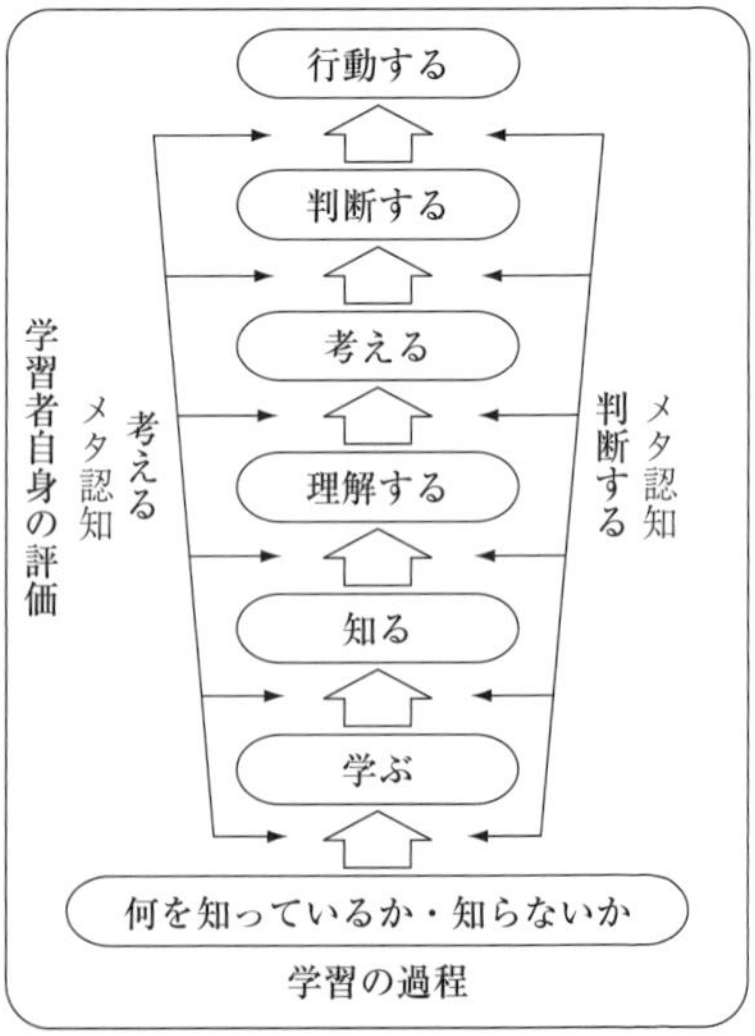

図 4-1　学習の過程と要件

また、第3章第4節の図3－4において検討したように、「思考力・判断力・表現力」の中で最も重要なのは「判断力」であると考えています[3]。「判断力」は「思考力」と「行動力」を結びつける必須の要素と言えるのです。「判断力」を「思考力」に含めて考えてしまうと、「判断力」がいつまでたっても身につかないということが懸念されます。

第2節　OPPAの授業観

次に、OPPAの授業観について検討してみましょう。ここで言う授業とは、教師の指導目標のもとに教育内容を学習者に理解させるとともに、メタ認知のような高次の資質・能力を育てる働きかけの総体を言います。

そのために、学習者が何を知っているのか知らないのかを確認して、「教える」「確認する」「修正する」という過程を経て、これが繰り返されます（図4－2参照）。このとき、学習者の状況を的確に把握し、彼らに適切な働きかけを行う道具として用いられるのがOPPシートに他なりません。

図4－2に書き込まれている「修正する」「確認する」という要素は、それぞれの段階で作用していることを表しています。そのとき、教師のもつメタ認知が働いて、上に

行くにしたがってその作用が強くなることを示しています。

このように、学習者の学習と同様、教師の授業についても、それを構成する要素のもとにそれぞれの過程を経て展開されます。しかし、とりわけ重要なのは、これらの活動が独立して行われるのではなく、両者が送り手にも受け手にもなるという双方向性をもって行われることにより、教育目標の達成が可能になるということです。

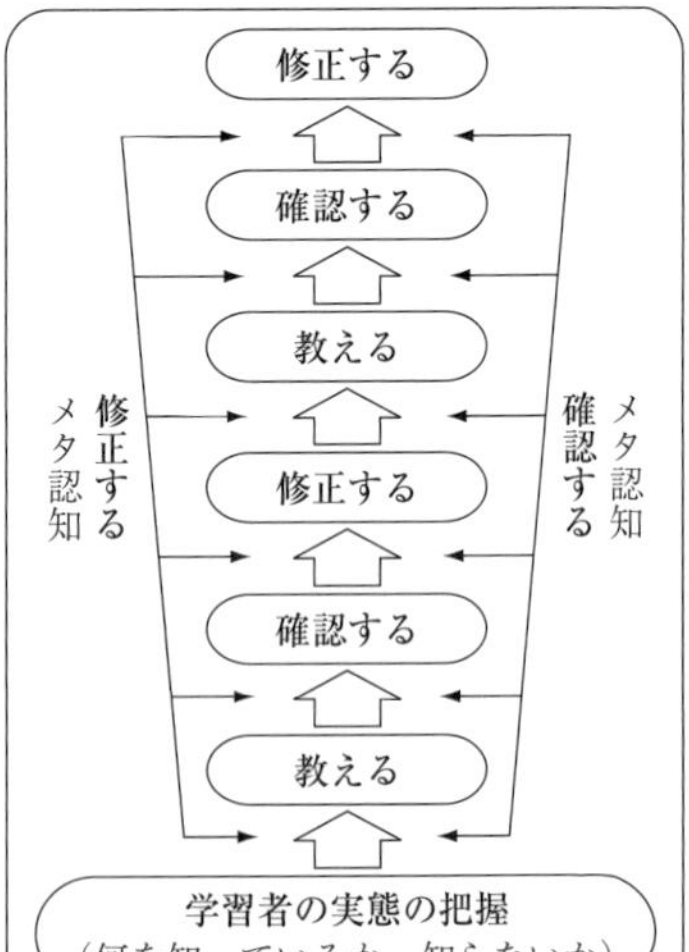

図 4-2　授業の過程と要件

教師は、学習者にこれだけはどうしても理解してほしいという思いや願いをもって授業をするのですが、そのとき重視しているのは、学習観のところでも述べたように学習者の素朴概念です。授業で重要なのは、それをどこまで望ましい知識や考えおよび資質・能力に変容させるかなのです。そのため、授業前にOPPシートの単元を貫く本質的な問いによって確認が行われるわけです。

多くの授業では、学習の前提となる既有の知識や考えが明確にされることはあまりないと考えられます。そのような授業や「教えて考えさせる」授業では、学習者の何がどのように、なぜ変わったのか、あるいは変わらないのかが明確になりません。学習者の変容が明確にならないということは、授業評価が不可能ということなのです。

これからの授業に求められているのは、教師の力量形成のために、また授業評価とそれをもとにした改善を可能にするために、学習者の学習による変容を適切に把握する、ということではないでしょうか。

第3節　学習と授業の双方向性

当たり前のことですが、学習は学習者が行い、授業は教師が行うものです。しかし、この両者がそれぞれ独立して行われるものではなく、相互に依存して双方向性をもって行われる必要があります。ここで言う双方向性とは、教師が授業の中で学習者が行う学習を見取り、適切な働きかけを行うことによって学習の改善を図るとともに、自らの授業を修正、改善していくことです。この関係を示したのが、図4－3です[4]。

このとき重要になってくるのが、学習者は学習者自身の評価を行い、学習の質的向上を図ることであり、教師は教師自身の評価を行い授業の改善を図ることです。前者は学習者の学習目標に対する自己評価であり、後者は教師の指導目標に対する自己評価に他なりません。図4－3の学習者自身の評価と教師自身の評価は、とりもなおさずＯＰＰ

シートで行われる評価を示しています。ＯＰＰＡは、こうした学習者と教師の学習と授業における双方向性を基本にしているのです。

要するに、学習者と教師の両者が一体となって、双方向性のもとに学習や授業が展開されるとき、第３章第１節で述べた教育目標の達成が可能になってきます。また、上で述べたＯＰＰＡの学習観と授業観により、自己評価の本来の機能とあり方が明確になってくるという考え方も基本になっています。つまり、図４－３に示した学習観や授業観は、学習者自身の評価と教師の評価をＯＰＰシートという同じ土俵の中で行うため、すなわち学習者と教師がそれぞれ学習や授業の意味を問い、双方に適切な働きかけを行うた

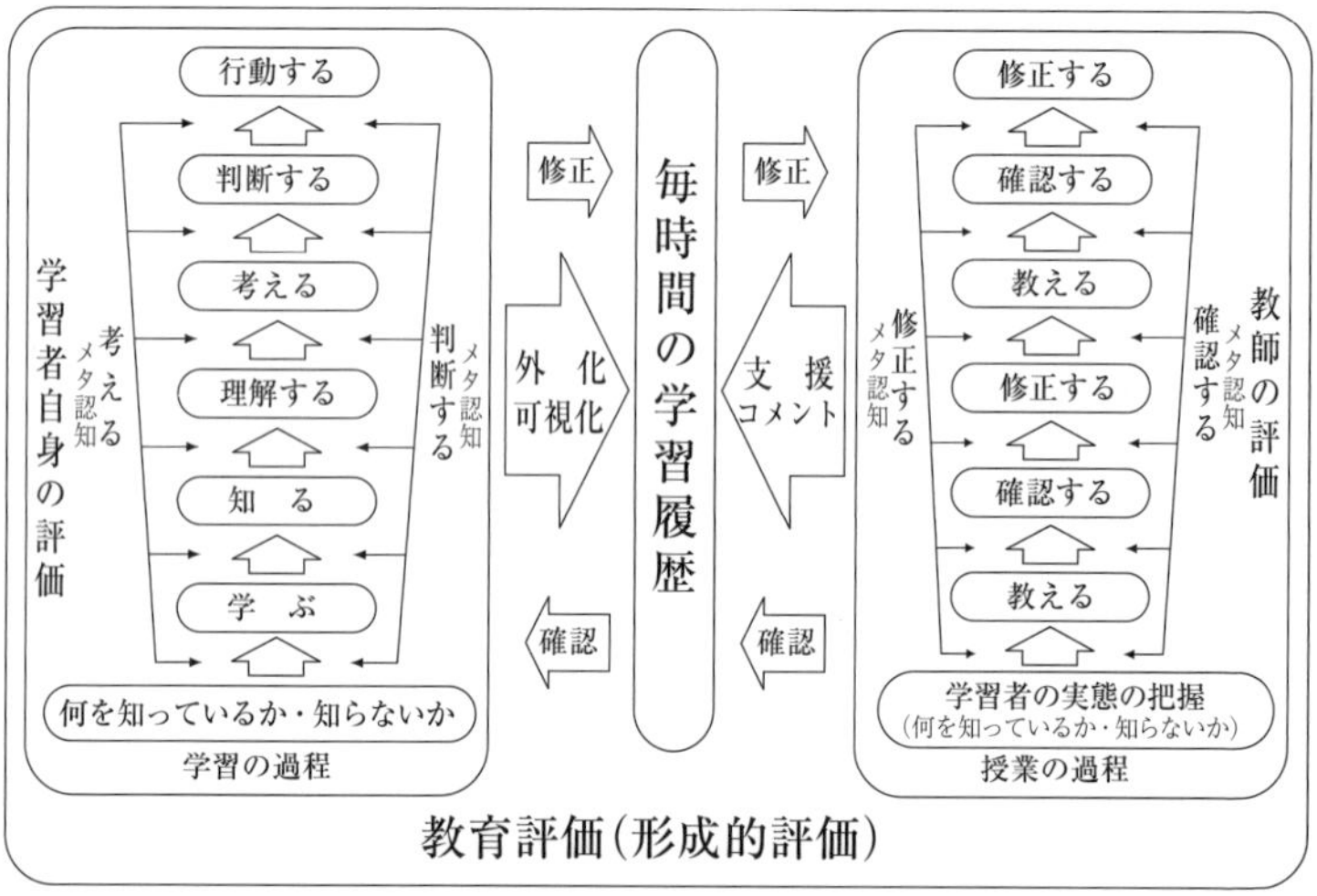

図 4-3　形成的評価を可能にする学習履歴を介在とした教育評価

めに自己評価が存在していることを意味しています。

同じ一枚の用紙（ＯＰＰシート）の中で双方向性をもって学習や授業の働きかけが作用することによって初めて、学習者と教師の双方が自己評価を行う能力を鍛えていくことができるのです。この点については、第７章の思考や認知過程の内化・内省・外化とも深く関係しています。それは、自己評価はある意味、思考や認知過程の内化・内省・外化という働きととらえることもできるからです。

第４節　授業のグランドデザインをどうするか

授業における教師の主な役割として、次の二つをあげることができます[5]。

①教科書の内容（基礎・基本）を学習者に適切に理解させること

教師は、日々の授業において教科書の内容を理解させることに心血を注いでいます。これを怠っている教師はいません。

②学びの本質に迫る学習者の資質・能力を育成すること

これについては、これまで比較的軽視されてきました。否、授業や学習においてどのようにしたらよいのかわからなかった、というほうが適切かもしれません。仮にどうすればよいかわかっていたとしても、教科書の内容を理解させることに手一杯で、資質・

能力の育成にまで時間をかけられないという現実的な問題も、当然あったことでしょう。たとえそのような現実であったとしても、資質・能力の育成ということまで考え、授業づくりを行っていくことは、これからの教育において喫緊の重要な課題の一つです。それは、新しい学習指導要領においても明らかです。

つまり、私たちに求められている課題は、学習者に教科書の内容を理解させることに加えて、適切な資質・能力を育成するための授業づくりをどう行うかということです。これまでのように、学習指導案を作成し、たとえその計画通りに授業を実施していたとしても、教科書の内容を理解させることはできるかもしれませんが、資質・能力を育成することは難しいでしょう。

では、どうしたらよいでしょうか。ここでは、学習者の資質・能力を育成するためにOPPシートによって授業づくりを行う方法を紹介します。資質・能力を育成するためには、学習者自身が自分の学びについて自覚していくことが重要です。自らの学びを自覚するためには、それを確認していく手立てが必要でしょう。

OPPシートは、毎時間の学びを確認しながら、自己と向き合っていく一つの道具です。授業づくりを計画するときに、学習指導案の中にOPPシートを位置づけて活用し、さらに教師の働きかけを明確にすることによって、学習者の資質・能力の育成を図ることができるのです。つまり、授業におけるグランドデザインと関係しています。

グランドデザインとは、一般的には長期にわたって遂行される大規模な計画を言います。ここでは、診断的評価を行い授業前の学習者の実態を押さえ、具体的に学習者につけたい力を明らかにし、そのためにどのような具体的な働きかけを行うか検討した上で、授業実践を通して形成的評価や総括的評価を行うなど、授業の目標・内容・方法・評価を総体的にとらえて構造化したものを授業のグランドデザインとよぶことにします。

以下、授業の構成、言い換えると学習指導案の作成そのものについて検討するのではなく、ＯＰＰシートづくりが授業構成であること、また作成されたＯＰＰシートと学習指導案との関わりおよびその活用と資質・能力の育成などについて検討します。

第5節　授業のグランドデザインとOPPシート

これまで、授業の構成を考えるにあたって学習指導案を作成するということが、多くの場合行われてきました。たとえその計画通りに授業を行ったとしても、なかなか思うようにいきません。何がどのように駄目なのかがわからないのです。なぜでしょうか。それはつまり、学習指導案はあくまで「案」であって、学習者の学習による変容を把握したり、教師の指導の何が不適切なのかを明らかにしていく、学習者の実態のどこに働きかけていくのかという機能はもっていないからです。

したがって、教育目標を達成しようとするならば、それを可能にする何らかの手立てを考えなければなりません。そこで登場するのがＯＰＰシートです。授業のグランドデザインというのは、上で述べたように、授業の構成、実施、さらにそれを踏まえた改善までを含んでいます。ＯＰＰシートの作成は、実は授業全体の計画を立てることに他なりません。なぜならば、シートの作成は、単元の中で目標となる学習内容の理解と資質・能力の育成を意識しながら授業を構造化し、シートで何を見取り、どう働きかけていくのかということを明らかにする目的のもとに行われるからです。

このことを形に表していくためには、まず、学習指導案の中に学習内容の理解と資質・能力の育成について、明確に反映させる必要があります。さらに、学習者自身と授業者が常にＯＰＰシートを通して評価できる仕組みを取り入れ、それを学習指導案上に明記していくことが重要です。そうすることによって、授業の全体像が見えてきます。さらに、学習の質的向上が期待できると考えられます。

この考えのもと、授業のグランドデザインと授業サイクルを構造化したものが図４－４です[6]。この取り組みをサイクルで行い、スパイラルに継続していくことで、学習者に学びの実感を体得させることができると考えられます。

次に、図４－４の概要を説明しましょう。

1．授業目標の設定

　学習者の素朴概念を把握する中で、授業の目標を明確にしていく段階です。ＯＰＰシートの構成を考えていく場合、学習内容に関わる科学的概念の形成という目標とともに、どのような資質・能力を育てるのかを考え、その評価までも具体的に明らかにします。これは、単元の学習を通して、学習者の実態に対して、教師が具体的に授業でどのように働きかけていくのかを、この段階で明確にしているということです。

　それは、単なる知識や技能の獲得を超えて、たとえば思考力・判断力・表現力などを獲得させるということにつながっています。

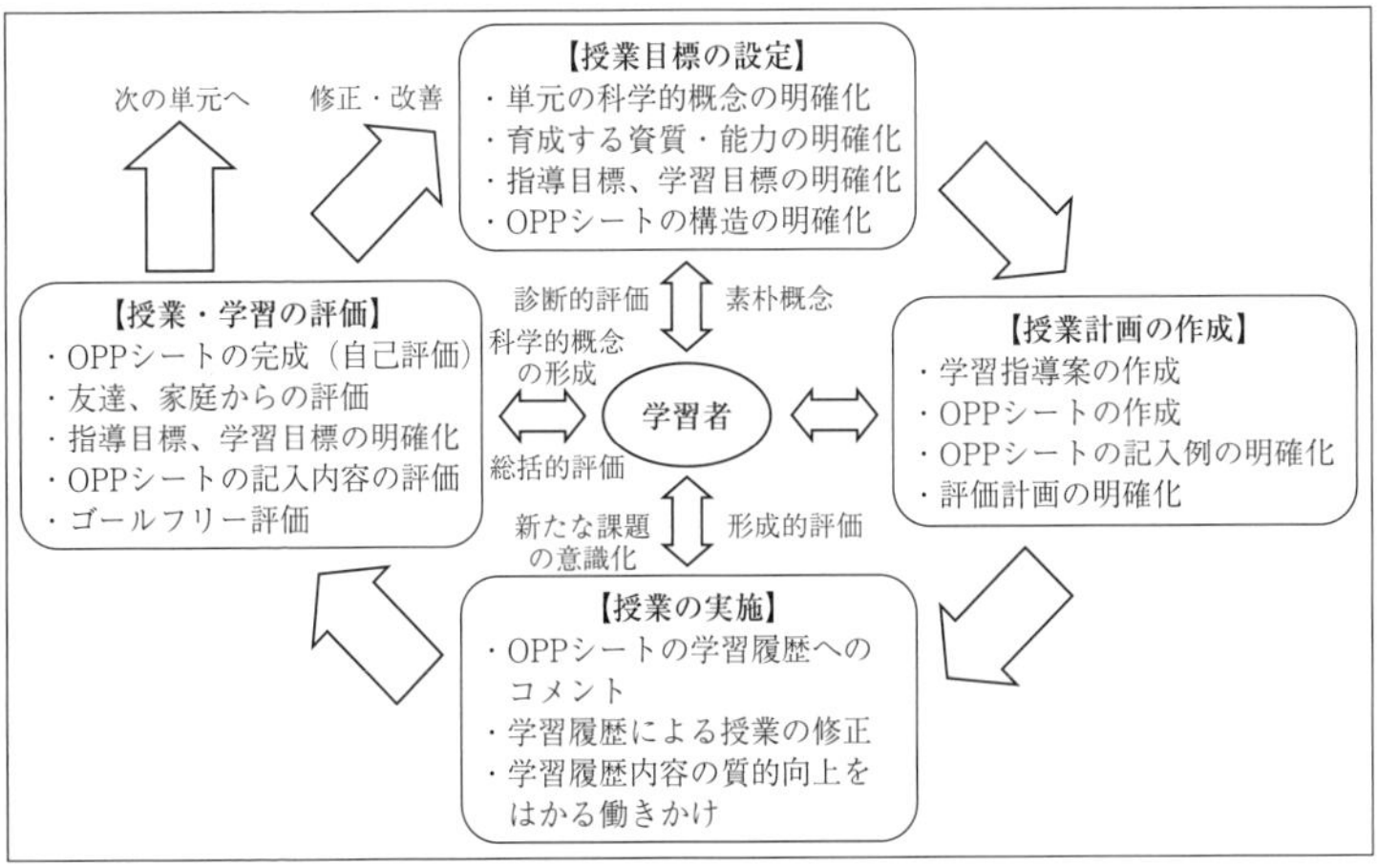

図 4-4　授業のグランドデザインと学習指導案および OPP シートの関係

2. 授業計画の作成

ＯＰＰシートの基本的構成要素は、すでに第１章第２節で述べた四つの要素から構成されているので、実施する単元が決まったら、ＯＰＰシートと学習指導案の作成を同時に行うことになります。シートに関して言えば、単元を貫く本質的な問いをどう設定するか、何時間の学習履歴を書かせるか、それらを全部書き終えたときに、一つひとつの学習履歴が構造化されるようになっているか、自己評価は変容が比較できるようになっているか、などが重要になります。ＯＰＰシートの作成にあたっては、学習者の素朴概念をもとに、教材について検討し、教材観を明確化しておくことも重要です。教材観を明らかにすることで、学習内容に関わる指導目的がさらにはっきりしてきます。

このように、ＯＰＰシートは、学習指導案の作成において、あまり考慮する必要はないが重要である点を押さえてくれることになります。すなわち、両方を一緒に作成する必要性がここにあるのです。

3. 授業の実施

授業を実施する中で、ＯＰＰシートに記載されている学習履歴を確認し、その履歴から次時の課題を明らかにしていきます。これは、学習者の学習履歴から引き出されている課題なので、学習者の思考の実態に沿った授業展開を可能にしていくことができます。

また、履歴内容が授業内容とずれている場合には、授業の修正を行います。教師は、学習履歴の内容が質的に向上していくように、毎時間ごとのコメントなどを通して具体的な働きかけを行っていきます。こうしたコメントによる働きかけは重要な意味をもっています。たとえば、学習履歴に教師の意図したことが書かれていなかった場合、「○○についてはどうかな」などとコメントしておくと、一、二回後、コメントが書かれた学習履歴に、その学習者が違う色の筆記用具で書き加えを行うということもあるからです。これは、授業の中ではできない働きかけですが、OPPシートでは可能になります。これも、形成的評価の一方法です。

学習者の学習履歴に対するコメントは、一人ひとりの学習状況に応じて働きかけが可能になるので、どのようなコメントが効果的か、研究を深める必要があるでしょう。

4. 授業・学習の評価

学習履歴から学習者自身が自己の変容を評価します（学習者の自己評価）。また、授業者は、OPPシートの記録から学習内容の理解の程度を把握し、資質・能力の育成の状態、授業や教師の働きかけの適切性などを評価します（教師の自己評価）。その中で次の学習での留意点や改善点を明らかにし、具体的な働きかけを行い、形成的評価、つまり指導と評価の一体化へとつなげていきます。

このような一連の流れのもとに、ＯＰＰシートおよび学習指導案を作成していきましょう。学習指導案の不備な部分をＯＰＰシートが補い、学習や授業の効果を上げるように配慮しておくとよいです。両者を適切に機能させることによって授業評価が可能になり、さらにそれが授業改善につながっていくのです。

これまでももちろん、授業前に教材研究を行い、学習指導案を作成し、それをもとに授業を実施していました。しかし、単元を貫く問いやその確認、それに対する働きかけ、授業後の変容および学習者の自己評価までも意識した提案はありませんでした。

なお、本章の内容は、第９章第１節と深く関わっているので、そちらを参照すると、学習や授業にどう対応したらよいのかが、さらに明確になってくると考えられます。

註

1）堀　哲夫「理科教育の新地平を拓く」『学校教育』No.1106 pp. 6–11 2009
2）堀　哲夫「理科を学ぶ必然性をめぐる課題と克服の視点」『理科の教育』Vol.58 No.686 p. 7 2009
3）堀　哲夫・市川英貴編著『理科授業力向上講座』東洋館出版社 p.13 2010
4）堀　哲夫、「OPPA論誕生の背景とその理論―学びと指導の過程および教育の本質との関わりを中心にして―」『教育実践学研究』Vol.24 p.264 2019
5）堀　哲夫、同右論文 1）pp.42–57
6）堀　哲夫・市川英貴編著 上掲書 p.47

第5章

ポートフォリオ評価・パフォーマンス評価・自己評価とOPPA

すでに第1章で述べたように、ＯＰＰＡに取り入れられている評価は、ポートフォリオ評価、パフォーマンス評価、自己評価の三種類です。いずれの評価も、最近注目を集めてきている真正の評価論の中心的概念です[1)]。真正の評価とは、学習者に現実の生活を反映した課題に取り組ませることによって生きて働く学力を形成・獲得させるとともに、その学力の実態をとらえていくことを意味します。

ＯＰＰＡは、こうした三種類の評価を一枚の用紙の中で、それぞれの機能を最大限に生かしながら活用していこうとするところに特徴があります。では、どのようにその機能を生かそうとしているのでしょうか。具体的に見ていきましょう。

第1節　学習の過程や変容を重視したポートフォリオ評価

繰り返し述べたように、ＯＰＰＡは教師が作成したＯＰＰシートに、学習前・中・後において必要な情報が学習者により記録され、それを評価に活用するものです。いわばポートフォリオ評価の一種です。しかし、いわゆる一般的なポートフォリオ評価とは異なっています。では、そもそもポートフォリオ評価とは何でしょうか。

1．ポートフォリオ評価とは何か

ポートフォリオ評価は、これまで総合的な学習の時間などで用いられてきました[2)]。ポートフォリオは、学習者の制作物、学習活動の記録や教師の指導などが系統的に蓄積したものを言い、このような学習および教育活動を評価に取り入れていくことをポートフォリオ評価と言います。

この評価方法が注目を集めてきているのは、学習の過程や変容が明確になる、学習者の成長の過程を把握できる、学習者自身が情報を収集し活用する力などを身につけることができる、などの利点があるからです。

2．ポートフォリオ評価の課題

ポートフォリオ評価には多くの長所が確かにあるのですが、そこには、主として次のような三つの課題があります。

(1) 学習前の既有の知識や考えが明確でないまま評価が行われている

第一は、学習者の既有の知識や考えが明確になっていないままに学習活動や評価が進められることです。これについては、学習内容が規定されていない場合、たとえば総合的な学習の時間などについては異論があるかもしれません。

しかし、学習の効果は学習前の前提がどのような状態であったのかが明確になっていなければ確認できないのではないでしょうか。少なくとも、既有の資質・能力が何かは明確にしておく必要があると考えられます。もともと資質・能力が備わっていたのであれば、学習の意味は何かということになるでしょう。これに対して、OPPAは学習内容が規定されていようといまいと、学習前・後の本質的な問いを設定しているので学習による変容を明確にすることができます。

(2) 適切な情報の選択が難しい

第二は、学習の過程で集めた情報が多すぎるため、何が重要であるのか明確にしにくく、適切な情報の選択が難しいことです。一般的なポートフォリオ評価は、学習の過程で集められた情報を全て集め、その中から適切なものを取捨選択し、適切にまとめ、報告が行われることが多いです。確かに、その学習も重要であることには違いありません。

しかし、クラスの学習者一人ひとりが集めた情報はおびただしい量になるので、その全てに教師が目を通すことは不可能でしょう。それゆえ、学習者が選んだ適切性の判断は学習者自身に任されています。その選択に教師が関わることができる可能性は低いのです。ポートフォリオ評価は、収集した情報の適切性を判断する能力の育成もねらいとしていると考えられるのですが、きわめて難しいと言わざるを得ないでしょう。

それに対して、OPPAは「授業の中で一番大切なこと」を学習者自身に考え選ばせる働きかけを教師が行い、確認し、かつ不適切な場合は働きかけを行うことが可能になるので、たとえ初めはその資質・能力が十分でなかったとしても、次第にその形成・獲得が可能になるように配慮されています。

(3) 学習の成果が不明確になりがちである

第三は、既有の知識や考えが明確にならないまま学習が進められるので、何がどこまで到達できたのかをはっきりさせにくいことです。これは、右記(1)の内容と関係しています。一般的なポートフォリオ評価でも、学習の過程や変容を見取ることはできます。しかし、学習の前提が明確になっていたほうが、その変容や成果も明確になることは間違いありません。学習者が学習の効果や意味を感得できるようにするためには、何が大切であるかを検討してみる必要があります。

こうした課題を克服するため、OPPAでは、一枚の用紙を用いて、学習前・後の状態および変容を明確にする「単元を貫く本質的な問い」、学習過程では「授業の一番大切なこと」のみを学習履歴として表現させるというポートフォリオ評価を基本にしています。いわば、必要最小限の情報を最大限に活用しようとしているのです。

また、学習の過程を明示化し、その変容を明らかにすることは、自分の成長を自覚し、学ぶ意味や必然性、自己効力感を感得させてくれるという点においても重要であると考えられます。

3. OPPAとポートフォリオ評価

OPPAといわゆる一般的なポートフォリオ評価との違いは、以下の二点によって説明できます。

①必要最小限の情報を最大限に活用しようとしている点

ポートフォリオ評価の課題にもあげられていたように、評価に関する情報が多すぎるとその扱いが難しくなります。そこで考えたのが、「授業の一番大切なこと」だけを取り上げるということなのです。

②一枚の用紙に評価の情報を集約し、構造化しようとした点

何の変哲もないたった一枚の紙、しかも枠組みだけしか見えないような用紙に学習者が書き込みをすることによって、学習の過程が明確になっていくとともに、その構造化が図られていきます。いわゆる一般的なポートフォリオ評価でこれを行うことはとても難しいでしょう。「たかが一枚、されど一枚」と言われるゆえんでもあります。

第2節　学習の成果とパフォーマンス評価

学習の過程や変容を明確にするとともに形成的評価を適切に行うためには、ポートフ

ォリオ評価が効果的です。しかし、その過程ごとの学習効果を確認するためには、パフォーマンス評価が有効と言えます。パフォーマンス評価とは、文字通り表現活動や表現物などのパフォーマンスをもとに評価する方法のことです[3)]。

近年、PISAの学力調査問題や文部科学省の「全国学力・学習状況調査」の「B問題」の一部にパフォーマンス評価が取り入れられてきています。理科では、昔からこの評価は実験場面などで導入されてきており、なじみが深いと言えます。しかし、最近は選択回答式（客観テスト式）の問題以外の方法による評価を総称して「パフォーマンス評価」とよんでいます[4)]。

1．パフォーマンス評価が重視される背景

こうした評価法が重視されるのは、知識やスキルを現実的な文脈や場面において適切に使いこなすことができるかどうかを判断するためであります。言い換えると、これまでの評価法では、学習者の学習成果の実態を適切に評価することができなかったという反省が込められているのです。つまり、学習の結果として何が獲得されているかという判断には、現実世界の課題をどう解決するかということまでも見通して、資質・能力を見取ることが必要とされています。

2. パフォーマンス評価の課題

パフォーマンス評価には、達成度や成果の程度を判断する指針や基準が必要とされており、それをルーブリックとよびます[5]。したがって、パフォーマンス評価を行うためには、ルーブリックの作成が必要です。そのため、多くの教師に参加してもらい、誰が使っても同じ課題に対する評価結果が同じになるようにする必要があります。また、学習者にも判断の基準が明確であることが重要となってくるので、作成には手間暇をかけなければなりません。問題は、多忙を極める教育現場において、こうした時間がとれるかどうかです。

それゆえ、学習結果を判断する指針や基準をいかにして時間をかけずに効率性の高いものにするのかが課題になってきます。要は、人の手を借りなくても妥当性と信頼性の高いものにするにはどうしたらよいかということになるのです。

もう一つ課題をあげておけば、ルーブリックを明確にすればするほど、いわゆる教師の想定範囲がはっきりしてくるのですが、想定外の優れた成果をどう評価するかという問題があります。つまり、学習者は、時として私たちの想像を超えた能力を発揮するときがあります。それらは、指針や基準にない成果なので、見逃されたり、重要でないとみなされたりする場合が起こり得ます。適切な評価を行うための指標や基準づくりが、学習者の可能性の芽を摘むことになりはしないかという問題があるのです。

3. パフォーマンス評価とOPPA

ＯＰＰＡは、たとえば学習履歴において「授業の一番大切なこと」を書かせるようになっています。これは、一種のパフォーマンス課題と言えます。では、学習者が書いた内容に対する指針や基準が必要になるのでしょうか。時間が許せばそうしたものを作成してもよいでしょうが、そこまでする必要はないでしょう。

なぜならば、教師は授業を行う場合に、これだけは押さえたい、わかってもらいたい等々の目標を必ずもっているものです。したがって、学習者に書いてもらいたい学習履歴の「授業の一番大切なこと」は、すでに教師には明確になっていると言えます。つまり、それがルーブリックなのです。それでは、書かれた内容の幅や深さをどう判断するのでしょうか。それは、学習者が書いた「授業の一番大切なこと」が、教師の書いてほしいことととどれだけずれているかを判断していけばよいと考えられます。

このようにすれば、他の人の手を借りることもなく、教師が一人で評価を行うことができます。評価の妥当性や信頼性を保証する具体的かつ簡便なやり方を追究していく必要があり、ＯＰＰＡはその一つの方法を示していると言えるでしょう。

第3節　学習全体を振り返る自己評価

多くの授業実践の中で、とりわけ研究授業などでは、学習者自身による自己評価が取り入れられることが多いと考えられます。しかし、それが必ずしも適切に行われているとは言い難いという印象をもっているのは筆者だけではないでしょう。自己評価は、本来の機能が発揮されるとき、また学習は学習者自身のものであることを考えるとき重要な役割をもっているのです[6)]。ＯＰＰＡは、それを可能にするために自己評価をとりわけ重視しています。

1．学習目標の重要性と自己評価

教育の究極の目標の一つは、学校教育を終えても、一人で学び続けることのできる人間を育てることにあります。それは、学習者が適切な学習目標をもち、それに対する自己評価を行い、自らの学習を改善していくことに他なりません。ここで問題になってくるのは、学校教育において新しく学ぶ内容に対して、学習者は始めから学習目標をもてるわけではないということです。もちろん、まず教師が教えなければ学習が始まりません。しかし、教師が教えるということだけをいつまでも行っていたのでは、自ら学び自ら考える力が育つことはないでしょう。

毎日行われる授業の中で、こうした力を育てるのがなぜ難しいのでしょうか。その理由として二点をあげることができます。

一つは、自ら学び自ら考える力は、個別の知識などの習得を超えた活用や応用、判断、修正などのメタ認知の能力に関係していて獲得することが難しいからです。

もう一つは、教師は日々の授業において知識や技能を身につけさせることに手一杯で、そのような高次の能力を育てることにまで手が回らないからです。

しかし、毎日の授業の中でも、適宜、教師が学習者に学習活動への働きかけを行うことによって、こうした資質・能力を育てることができると考えられます。ＯＰＰＡは、第１章図１－２に示したように、まず学習前に自らの既有の知識や考えを知らせ、授業時間ごとに授業の一番大切なことをまとめさせ、最後に既有の知識や考えがどのように変容したのかを確認させ、学習全体を自己評価させる働きかけを行っています。

これは、学習による毎時間ごとの成長がどのようになっているのかを学習前・中・後を通して学習者に確認させ、意識化させる働きかけです。つまり、ＯＰＰシートを通して、自分の学びが単元全体の中にどのように位置づけられていくのかを、具体的内容を伴って自ら最重要点をまとめながら、可視的にモニタリングしているのです。

そこに、学習目標と自己評価の重要性があると考えられます。

2. 自己評価の問題点

これまで、自己評価は、授業の終わりの段階で教師の評価をほんの少し補う程度の位置づけしか与えられてきませんでした。なぜならば、そこには、主として次にあげる二つの理由があったからです。

(1) 構成主義の考え方に基づく学習観の欠如

一つは、「学習のプロセスとは既知と未知との葛藤を調節しつつ進行するものであるとする学習観の欠如にある」[7]からです。このことについては第2章で検討した構成主義の考え方に基づく学習観や授業観の欠如と言い換えてもよいでしょう。私たちは、これまでに学んだことや考えてきたりしたことと無関係に物事を認識するわけではありません。やっかいなことに、そういったものが存在するがゆえに、学習や授業において悩んだり苦しんだりするのです。

平たく言えば、既知と未知の折り合いをどうつけていくのかが学習にとって重要になってくるのです。そのとき、自分がすでに何を知っていて何を知らないのか、どのような考え方をするのか、他の人と自分は何が違うのか、等々を意識化することが学習の成立にとって重要になってきます。これが自己評価と深くつながっています。

(2) 学習者の思いや感想の吐露にすぎないという認識

もう一つは、学習者の「授業への『思い』や『感想』の単なる吐露をさそう方法[8]」にしかすぎなかったからです。授業がおもしろかった、楽しかった、つまらなかったなどという思いや感想を、学習者から聞き出したとしても、学習や授業の改善につながることはありません。つまり、授業に対する思いや感想は、たとえば、何がなぜおもしろかったのかが明確にならなければ、聞き出す意味がないのです。

自己評価を行う意味は、学習により何がどう変容し、そのことについて学習者自身がどう思い、考えるのかというところにあります。それに加えて、自己評価は学習者の学習目標に対して行うことに意味があるにもかかわらず、授業への思いや感想の吐露にとどまり、自己評価とは言えないというところに最大の問題がありました。

3. OPPAにおける自己評価の骨子

OPPAには、その基本的構造の中に三つの自己評価が内在しています。その三つについて、第1章第2節で述べたOPPシートをもとにして説明しましょう。

(1)本質的な問いの変容による自己評価

第一は、学習前・後の本質的な問いに対する回答の変容における自己評価です。この問いは、繰り返し述べてきているように、単元の本質に関わる全く同一のものを用いています。ここでは、最重要事項を問いの形にし、学習による変容を問うことに意味があります。

これは、学習による変容を可視的に外化し、自分が変わったという自覚をもつことによって、学ぶ意味や必然性、自己効力感を感得させるための意図的な働きかけとも言えます。

(2) 学習履歴によって思考や認知過程の内化・内省・外化を確認する自己評価

第二は、学習者と教師のやりとりである思考や認知過程の内化・内省・外化を適切に位置づけることによって、「授業の一番大切なこと」を振り返る自己評価です。思考や認知過程の内化・内省・外化を適切に機能させるとき、学習者が自己と向き合い、学習内容の適切性や教師の働きかけを内省していく過程には、当然のことながら自己評価が含まれており、学習の質を高め、高次の学力を育成するために欠かすことができません。

しかも、学習者と教師が同じ学習履歴を見取り、両者がその内容に働きかけ合うループを形成するやりとりと、それが次第に高められていくスパイラルな機能は、自己評価の中の重要な位置を占めています。この点については、第7章第2節で詳述しましょう。

(3) OPPシート全体を通した学習過程や変容による自己評価

第三は、上記二点を含めた学習全体を通した自己評価です。学習全体を振り返って、何がどう変わり、そのことについて自分自身がどう思っているのかを問うことは、学習というものが学習者自身のためにあることを考えれば、当然行われる必要があります。しかし、こうした活動がこれまで適切な形で行われてきたとは言えません。

このことは、一枚の用紙の中で、学習成果が構造化され、最終的には全体が見渡せるようになって初めて可能になると言えます。すなわち、全体を構造的に見渡すことができるOPPシートによって可能になるのです。

OPPAは、上で検討した三つの自己評価を通して、教育目標およびその達成における学習者と教師の異同をなくし、学習者の自己評価能力を高めるとともに学習者の可能性を高めていくのです。

これまでの検討から明らかなように、OPPシートの中には、学習者に絶えず自己の変容を促しそれを意識化し、かつ価値づけを行っていこうとする意図的働きかけが行われています。それは、とりもなおさずメタ認知の育成につながる自己評価を重視していると言えます。また、学習による変容に関して、具体的内容を通して可視的に確認させることは、学ぶ意味、必然性、自己効力感を学習者に感得させる上できわめて重要になってくるのです。

註

1) Wiggins, G., *Educative Assessment*, Jossey - Bass, p.24, 1998.
2) 西岡加名恵『教科と総合に活かすポートフォリオ評価』図書文化 2003

3）田中耕治編著『パフォーマンス評価』ぎょうせい 2011

4）堀 哲夫・西岡加名恵『授業と評価をデザインする 理科』日本標準 2010

5）Doran, R. and Chan, F., Tamir, P. and Lenhardt, C., Science *Educator's Guide to Laboratory Assessment*, NSTA, 2002.（邦訳：古屋光一監訳『理科の先生のための新しい評価方法入門』北大路書房 2007）

6）自己評価については、以下の文献も参照のこと。堀 哲夫『学びの意味を育てる理科の教育評価』東洋館出版社 pp.48-58 2003

7）田中耕治『教育評価』岩波書店 p.164 2008

8）同右書 p.164

第6章

診断的・形成的・総括的評価とOPPA

学習や授業と関わる重要な評価の一つは、診断的・形成的・総括的評価です。この評価の考え方は、もともと学習の達成状況を確認し、教育内容を完全習得するためにブルーム（Bloom, B. S.）が提案したものです[1]。この考え方が提案されてすでに25年余が経過しましたが、今なおその理論はもちろん、授業実践においても重要な意味をもっています。

本章では、診断的・形成的・総括的評価の考え方とOPPAがどのような関係にあるのか検討するとともに、OPPAはそれらを一枚の用紙の中で効果的に活用する一つの方法であることを提案します。

第1節　診断的・形成的・総括的評価の課題

学習や授業が行われるとき、学習者の何がどのように変容したかの確認、あるいはその結果をもとにした教師の学習者に対する働きかけは、適切な学力の形成・獲得にとって欠くことができません。そのとき重要な役割を果たすのが診断的・形成的・総括的評価です。

これら三つの考え方は、教育実践を効果的に行うためにどれも重要です。それぞれがもつ役割が教材研究や授業の中で適切に果たされることによって学習や授業の状況を的確に把握し、改善することが可能になるからです。また、学習者の可能性を引き出し、伸長させ、教師による授業の改善を考えていく上で欠かせません。

しかし、そこには次にあげるような三つの課題がありました。

1. 学習や授業における診断的・形成的・総括的評価の有機的関連性の欠如

これまでこの三者は独立して扱われることが多く、有機的関連性をもった方法で実施されてこなかったことです。言うまでもなく、診断的・形成的・総括的評価が効果を発揮するためには、三者をバラバラに扱うのではなく、相互関連をもって考えていく必要があります。その重要性は誰もが認識していたとしても、三者が学習や指導の進展とともに明示化され、可視的になる方法は提案されてきていません。

2. 連続かつ一貫して扱うという考え方の欠如

診断的・形成的・総括的評価が有機的関連性をもった方法で実施されてきていないために、それを一度に行うという方法も考えられなかったということです。つまり、学習者が学習前にどのような知識や考えをもち、それが学習や授業によってどのように変容し、最終的には何が形成・獲得されたのか、一連の流れのもとに把握できていないというのが実態です。これが確認できない限り、ただ学習や授業を行っただけということになります。

3．学習者と教師が共有し相互に活用するという考え方の欠如

たとえ診断的・形成的・総括的評価が行われたとしても、そこから得られた情報を教師だけが所有して、学習者に還元されなかったことです。学習者に評価情報がもたらされないということは、学習者自身、何がどのように変容したのか自覚するのが難しいと言えます。それは、学ぶ意味や必然性、自己効力感を感得できないということにつながっています。要するに、評価は何のために、また誰のために行われるのかということと深く関わっているのです。

では、ＯＰＰＡはこうした課題をどのように克服しようとしているのか、次に検討してみましょう。

第2節　診断的・形成的・総括的評価の必然的関連性とＯＰＰＡ

ＯＰＰシートの中では、図６－１に示したように、学習前・中・後にそれぞれ診断的・形成的・総括的評価を行うようになっています[2]。また、三者が有機的関連性をもちながら、その全体構造が学習者の記録によって可視化されることになります。

それでは、OPPシートの基本的構成要素と診断的・形成的・総括的評価がそれぞれどのように対応しているのかを見てみましょう。OPPシートの学習前には学習後と同一の本質的な問いが設定され、学習の前提となる素朴概念が顕在化されることになるため、これは診断的評価に相当します。

この既有の知識や考えをもとに教師が授業を構成、実施していく中で、学習中は毎授業時間の終了時に「授業の一番大切なこと」を学習履歴として書かせ、学習者の内化や内省を促していきます。そして、学習過程を学習者自身が外化し可視化したものに対して、教師が、それ以上の段階に達するべく指導を行い、学習を改善していきます。これが形成的評価に相当します。

学習後は、学習前と同一の本質的な問いに回答し、学習全体を振り返って自己評価を行いま

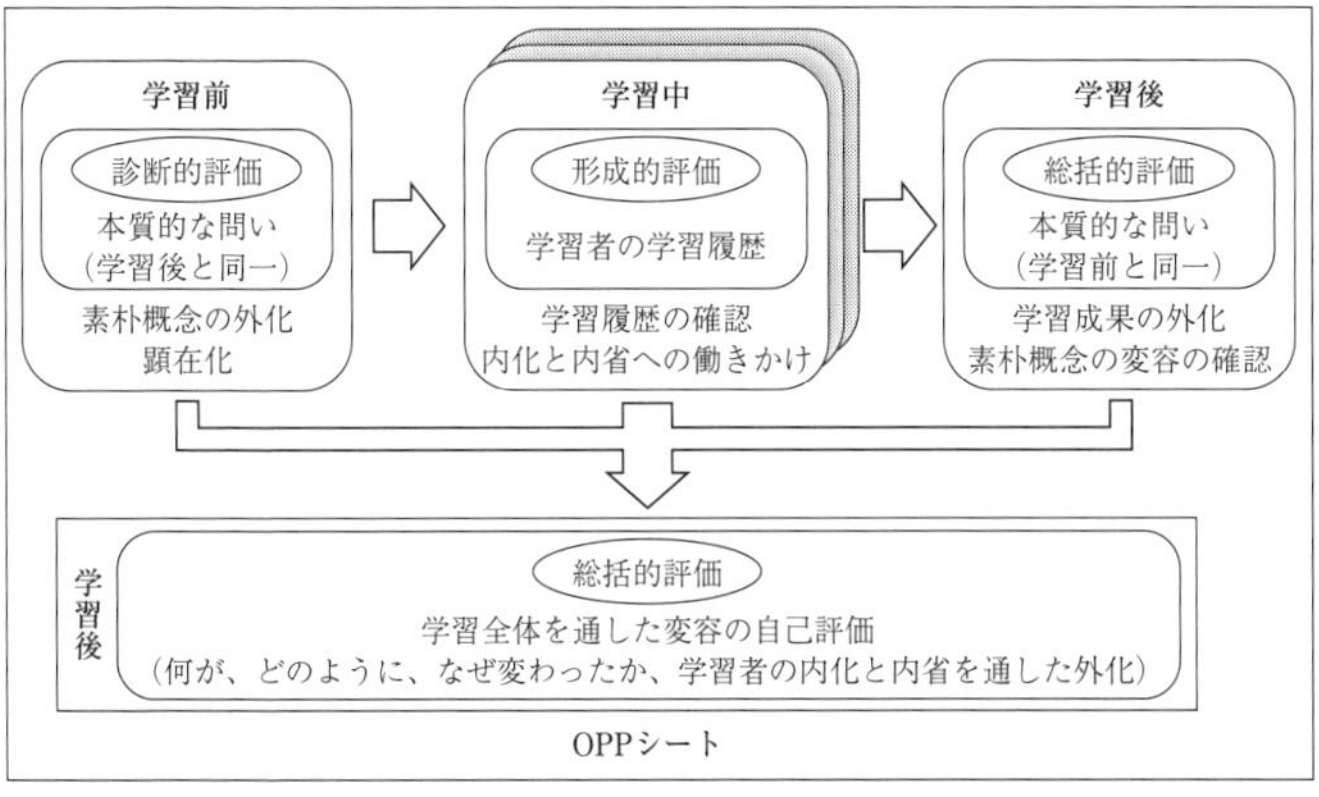

図 6-1　学習前・中・後の診断的・形成的・総括的評価と OPP シート

す。学習の何がどのように変わったか、またなぜ変わったのか、あるいは変わらなかったのかという外化を行うことが、総括的評価に相当します。

このように、それぞれの対応関係と役割を明確化するとともに、それが適切に機能するように構造化しておけば、これまで診断的・形成的・総括的評価が抱えていた問題点を克服することが可能になると考えられます。

第3節　OPPAと診断的評価

まず、OPPシートの診断的評価に相当する本質的な問いですが、通常のペーパーテストと同じものをもってくれば事足りるというわけにはいきません。その設定に関しては、いくつかの条件があります[3)]。ここでは、次の四点をあげます。

1．素朴概念を重視した問い

当該単元の中で教師が「これだけはどうしてもわかってほしい」という最重要事項を素朴概念と絡めて問う必要性があるということです。しかも、学習後と全く同じ問いにすることが求められています。これは、当該単元に関する最も重要な内容が、学習によってどのように変容したのかを知るためです。この問いの設定では、教師が一番押さえたいことを明確にしなければならないため、簡単なように見えて案外難しいです。当然のことながら単元の構造化が求められることになります。

2. 既有の知識や考えをもとにした問い

これから学習する内容であっても、学習者のこれまでの学習や経験をもとにして考えれば答えられるものであることです。つまり、記憶していれば答えられるような問いでは不適切ということになります。したがって、たとえまだ学習していなくても、未熟でも何らかの回答ができるものが望ましいと言えます。

そして、学習によって身につけた知識や考えをもとに学習後に回答すると、その内容に関して大きく変容したことが明確になるような問いです。つまり、学習者の素朴概念と教師の授業で押さえたいことをどう一致させるかです。

このように検討してみると、いわゆる通常のペーパーテストで出されるような問題は不適切と言えるのです。

3. パフォーマンス課題としての問い

学習前・後の単元を貫く本質的な問いには、パフォーマンス課題が求められていることです。パフォーマンス課題とは、第5章第2節で述べたように、学習者が知識や技能を実際の世界にどの程度うまく活用させているかを見取るために与えられる課題です。このとき、与えられた課題に対して回答する場合の表現方法は、文字でもよいし、図や表グラフでもよいのです。こうした表現を通して実際に課題を解決する能力を見取るため、単元を貫く本質的な問いはパフォーマンス課題が望ましいのです。

4．学習や授業の意味や必然性、教育の本質に迫ることができる問い

可能な限り学習内容の意味や必然性、あるいは教科や科目の本質につながるような問いが望ましいことです。つまり、なぜこの内容を学ぶのか、あるいは必要とされているのか、という問いを学習者自身がもち、かつそれに答えることができるようなものが望ましいのです。なぜそれが求められるのかと言えば、こうしたことを教師が意図して設定するのでなければ、学習者に学ぶ意味や必然性を伝えることは不可能だからです。

ここであげた四つの条件が単元を貫く本質的な問いに求められており、この設定が思いの外難しいのです。このでき如何《いかん》によって教師の力量を見ることもできるでしょう。

第4節　OPPAと形成的評価

これまで、「指導と評価の一体化」や「指導に生かす評価」など、形成的評価と関わって授業の過程における学習の達成状況を確認し、改善を行おうとしてきた実践は数多くあります。しかし、たとえ課題としてそれらに取り組んできたとしても、初期の目標を達成している研究はほとんど見当たりません。それは、理屈としては理解できても具体的にどうするかがわからないからでしょう。

こうした現状を鑑み、ＯＰＰＡでは学習中の形成的評価を以下の五点を重視して実施しています[4)]。

1．学習成果を確認するパフォーマンス評価

学習履歴として表現される「授業の一番大切なこと」がパフォーマンス評価になっていることです。それは、その時間の授業によって学習者が何を獲得し、何ができるようになっているのかを確認したいからです。一般的に授業の終了後にノートに書かせているのは、板書のまとめや、せいぜい学習感想に過ぎません。こうした方法では、いずれも学習者が学びを通して実際に何ができるようになったのかを確認することは難しいので

しょう。

2. 学習履歴の外化による発達の最近接領域の明確化

学習履歴として「授業の一番大切なこと」を表現させることが、学習者の発達の最近接領域を明らかにするということです。教育実践における発達の最近接領域の重要性に関しては、多くの論者により繰り返し説かれてきました。しかし、これに関しても形成的評価同様、その領域をどのようにして明確にするのかが明らかになってきていないので、どこにどのような働きかけを行ったらよいのかが不明でした。

ＯＰＰシートの学習履歴は、毎授業時間終了後の一人ひとりの学習の到達点を示してくれるので、コメント等を通して発達の最近接領域に働きかけることが可能になるのです。これを可能にしている要因の一つがパフォーマンス評価にあります。

3. 学習履歴に対する教師のコメント

「授業の一番大切なこと」を学習履歴として書かせることにより、その外化された内容を教師が把握し、コメントを加えるということです。授業で必ずしも対応が十分でなかった点に対して、可能な働きかけを行うのです。このことにより、教師が加えたコメントに対して学習者が内化・内省を行い、一、二時間の授業を経た後に当該の学習履歴に書き加えを行うことも可能になります。

4．学習者一人ひとりの学習状況に応じた指導

ＯＰＰシートの学習履歴を通して一人ひとりの学習状況に応じた働きかけができることです。形成的評価はクラス全体を通して行うことはもちろん、何よりも一人ひとりに働きかけができなければ、目標の達成はあり得ません。毎時間終了後に、一人ひとりの学習状況が確認でき、教師のコメントによる適切な働きかけができるＯＰＰシートは、まさに形成的評価を可能にする一つの方法と言えるのです。

5．学習履歴による教師の授業評価と改善

第五は、学習履歴をもとに、教師の行った授業が学習者にどのように受け止められているのかを確認し、次の授業に生かす、修正を施す等の手立てを講じていることです。学習者が書いた学習履歴をもとにして、学習者と教師双方が同じものを通して具体的なやりとりを行っているので、情報が相互に共有されています。これは、教育目標を達成する上で、とても重要な要因であると考えられます。要するに、指導に生かす評価がＯＰＰシートを活用して行われるのです。

第5節　ＯＰＰＡと総括的評価

最後に総括的評価ですが、ＯＰＰシートでは学習後の本質的な問い、および学習全体を振り返る自己評価がこれに相当しています。学習後の本質的な問いは学習前のそれと同じであり、すでに述べたので繰り返しません。もう一つの自己評価ですが、これに関して配慮しなければならないのは、以下の四点です[5)]。

1．学習者が学習目標をもつこと

学習者自身が学習目標をもった上で自己評価を行う必要があるということです。自己評価の「自己」は学習者を指すため、学習目標が求められるのです。多くの教育実践において見受けられるように、教師の指導目標に対して学習者が自己評価を行うのは矛盾しています。それは本来の自己評価とは言えないのです。

2．学習目標をもつことができる授業を行うこと

自己評価にとって学習目標が必須の要件であるとするならば、学習者自身が学習目標をもつことができる授業が行われなければならないということです。実は、これがかな

り難しいのです。なぜならば、授業で新しく学習することに関して、最初から学習目標などもてるはずがないからです。教師が明確な指導目標をもって授業を行うのは当然のことです。指導目標に、学習者が学習目標をもつことができる項目、あるいは手立てを入れておく必要があります。それがなければ、自己評価は無理と言わざるを得ません。

自己評価を授業の中に取り入れるならば、基本的には学習目標をもつことができる授業を実施すべきです。しかし、授業だけでは難しいので、ＯＰＰシートを通して行うのです。学習前の単元を貫く本質的な問いから始まって毎時間ごとの学習履歴を書くという過程において、前に行ったことを見取りながら次の予想を立てるため、学習目標をもつことができるのです。

一枚の用紙の中で、これまでに行ってきたことを見渡せるようにすることが重要な意味をもっています。

3．自己評価もパフォーマンス評価として行うこと

これまでに行われてきた自己評価が「◎、○、△」「A、B、C」のように記号化されていたのに対して、自己評価もやはりパフォーマンス評価として行われる必要性があるということです。つまり、自己評価は具体的な内容を通して可視的に行われることが重要で、これが記号化されてしまうと、学習者が何を評価しているのかを理解できませ

ん。

そこで、ＯＰＰシートでは、「何がどのように変わったのか、あるいは変わらないのか。変わったとすればどうして変わったのか」というパフォーマンス課題にして問うようにしています。それに加えて、ＯＰＰシートでは学習全体が見渡せるように配列されているので、具体的内容を可視的に振り返ることができるのです。

４．学習全体を振り返る自己評価を行うこと

学習前・中・後の全体を振り返る自己評価を行う必要性があるということです[6)]。ＯＰＰシートを使うときに、ややもすると単元を貫く学習前・後の本質的な問いの回答の比較に限定して自己評価を行う傾向があります。確かに、それも重要な自己評価の要素には違いないのですが、やはり学習全体を振り返ることがさらに重要です。

なぜならば、学習過程において何がどう変容したのか、それはなぜかということを学習者自身が適切に把握しておくことが、自らの学習状況を改善する上できわめて重要になってくるからです。とりわけ、不適切な学習状況をどう改善したかという情報を的確に見取っていく能力は、その後の学習に大きな影響を与えます。ここでも、ＯＰＰシートがなぜ学習状況の全体を一枚の用紙の中で把握しようとしているのかを理解してもらえるのではないでしょうか。

総括的評価は、これまでややもすると学習成果の確認として行われることが多かったため、どうしても教師主導になりがちでした。これからは、学習者主体の自己評価としての総括的評価が求められなければなりません。繰り返し述べてきているように、学ぶ意味や必然性、自己効力感が得られるような自己評価が望ましいでしょう。

註

1)Bloom, B. S. and Hastings J. T. and Madaus G. F.（Eds.）, *Handbook on Formative and Summative Evaluation of Student Learning*, McGraw-Hill, Inc. 1971.（邦訳：渋谷憲一・藤田恵璽・梶田叡一訳『教育評価法ハンドブック』第一法規 1973 渋谷憲一・藤田恵璽・梶田叡一訳『学習評価ハンドブック（上・下）』第一法規 1974）
2)堀 哲夫編著『子どもの学びを育む 一枚ポートフォリオ評価 理科』日本標準 p.16 2004
3)堀 哲夫・西岡加名恵『授業と評価をデザインする 理科』日本標準 pp.73-74 2010
4)堀 哲夫「OPPAの基本的骨子と理論的背景の関係に関する研究」『山梨大学教育人間科学部紀要』Vol.13 pp.94～107 2012
5)堀 哲夫『学びの意味を育てる理科の教育評価』東洋館出版社 pp.49～58 2003
6)同右書

第7章

思考や認知過程の内化・内省・外化とOPPA

近年、認知科学、教育心理学、コンピュータサイエンス、人類学、社会学、教育学などの多様な学問分野を統合し、「教えること」と「学ぶこと」を科学的に研究する学習科学が、教育の研究や実践に大きな影響を与えてきています[1)]。

学習科学では、学習がどのように成立するのかについて、一つは学習が常に既有の知識や考えを背景にして生じてきていること、もう一つは初心者が専門家になるためにどのような教育を受け、またどのような認知的発達を遂げてきたのか、という二つの柱を中心にして研究が進められています。

また、効果的な学習は、既有の知識や考えに基づいた適切な学習環境が与えられ、それを外部の情報として取り入れる内化が行われるときに可能になることが明らかにされています。さらに、学習者が自分の思考過程を表現し、自分の知識や考えの状態を適切に自己省察する機会を与えられるときに促進されると言われています。

また、よりよい学習を促進するためには、学習者が自分で対象を理解する助けとなるようなきっかけやヒントへの足場かけが必要になります。このとき重要なのは、学習者自身による思考過程の明示化です。自己の思考過程をはっきりと外に示す外化が行われるときに、効果的かつ深い学びとなることも明らかにされています。

要するに、思考や認知過程の内化・内省・外化が、学習にとって重要な役割を果たしているということに他なりません。本章では、ＯＰＰＡと思考や認知過程の内化・内省・外化の関係、その機能、評価などについて具体的に見ていきましょう。

第1節　思考や認知過程の内化・内省・外化とは何か

これまで述べてきたポートフォリオ評価および診断的・形成的・総括的評価と深く関わっているのが、学習者や教師の思考や認知過程の内化・内省・外化です[2)]。これらの評価は、学習者の思考や認知過程の内化・内省・外化を見取り、それらに働きかけを行っていると考えることができるからです。OPPAは、思考や認知過程の内化・内省・外化を適切に機能させる道具であると考えてもよいでしょう。

1．思考や認知過程の内化・内省・外化の定義

思考や認知過程の内化・内省・外化に関して、これまでは個別に検討されてきました。また、教育実践との関わりの中で検討されるようになってきたのは、比較的最近のことです。こうしたことが注目されるようになってきた背景には、冒頭で指摘したように認知科学や学習科学のめざましい発展があります。

これまでも、内化と外化に関する研究において、両者は連続する過程としてとらえられてきました。しかし、本章で述べるように、内化・内省・外化を一連の過程として、

また一体としてとらえる考え方はありませんでした。もちろん、その必然性がないという考え方もあります。

(1)　自己の内部に物事や情報を取り入れて再構成する内化

思考や認知過程の内化とは、外的な操作を自分自身の思考や認知過程内に取り入れて再構成することです[3)]。一般的に、人間が物事や情報を認識するときは、まず外部の情報や操作を取り入れることから始めます。その後、自分の認知構造を再構成していきます。それが内化という過程です。

ここで一つ断っておきたいのは、内化の中に内省を入れて考えるのか、内化と外化の連続する過程にある働きを内省ととらえるのかという問題です。結論を先に言えば、確かに内化の中に内省が含まれるので、両者の区別はないと考えられます。しかし、学習や授業を前提に考えると、区別したほうがよいでしょう。なぜならば、外的な操作を内部に取り入れて再構成を行うとき、両者を区別したほうが学習や授業において適切な働きかけが行いやすいと考えられるからです。

レ・コーヌウ（Le Cornu, A.）が、連続的な内化の過程の可視的な徴候や言語化された内容に焦点化し、内省を含めて提案したことによって、内化の中に内省の過程があるという考えが示されました[4)]。さらに、この考え方を前提にして、内省が内化と外化に基づいた過程であるというモデルが提案されています。これは、内省が内化と外化を統合する機能をもつ過程として位置づけられたことに他なりません。内省は内化と外化の全ての要素に関わっているのですが、その根幹には外的操作に対する受容性、批判性、識別性という三つの要素を位置づけています。[5]

(2) 取り入れた物事や情報について考えをめぐらす内省

内省とは、自己の内部に取り入れた物事や情報について、自分自身の考え方や方法に照らして意図的に吟味する過程を言います。[6] 自己の中に取り入れた物事や情報がどのような状況であるのか、まずはその確認を行います。自分の既有の知識や考えとそれが同じなのか違うのか、またどちらの場合でも、なぜ同じか違うか、それに対して自分はどのように考えるのか等々、さまざまな考えをめぐらすことになります。これが思考や認知過程における内省です。

内省は、上で述べたレ・コーヌウの見解からも明らかなように、内化・内省・外化の中で最も重要な役割を果たしています。

(3) 思考や認知過程を外部に表現する外化

外化とは、簡単に言えば、学習者の内部で生じる思考や認知過程を外部に表すことです。[7] 外部に表すことは、思考や認知過程の明示化に他なりません。こうした思考や認知過程の外化で、教育実践において一般的なのは、文章で表現することです。しかし、絵や図にかく、音や行動、作品などで表現することも、全て外化です。どのような方法をとるにしても、他の人に伝わりやすい方法で、自分を適切に表現することが重要になってきます。思考や認知過程の外化は、学習の成果を適切に認識するパフォーマンス評価とも深く関わっています。

2. 思考や認知過程の内化・内省・外化の問題点

これまでの学習や授業においても、教科書や他の学習者および教師が発信する情報などを取り入れて再構成する内化、それを検討し熟考する内省、ノートやワークシートに書く、発表するなどの外化は行われてきました。しかし、問題は、この思考や認知過程の内化・内省・外化という三つが、教育実践において適切に機能してこなかったことにあります。

たとえば、内化や内省にしても、適切な情報を取り入れて的確に活用するという指導が行われているとは言い難いでしょう。外化にしても、たとえば黒板に書かれている内容をノートに記録する場合に、学習者が自分なりに真剣に考えたものがそこに外化されるわけではないところに問題がありました。

さらに、それに加えて問題なのは、何がどう内化され、どのように内省が行われ、その結果としての外化を確認するという手法が明確でなかったことにありました。全く手法がなかったとは言えませんが、多くの場合、教師の発問や挙手、ワークシートやノート、試験などによる確認という方法が行われてきました。しかし、それらは学習者の実態を必ずしも的確に反映しているものではありませんでした。確認する方法や時期等を含めて、あらゆる点において手法としての甘さがあったと言わざるを得ません。

さらに突っ込んで検討したいのは、こうした問題がなぜ問題なのかということです。まず、学習者の学習状況の的確な確認ができないことです。さらに、的確な確認ができないと適切な教師の働きかけが不可能になり、その結果、教師の指導目標が達成されないことになります。困ったことに、多くの場合、教師がそれに気づいていないのではないかと思われるのです。つまり、教師の指導内容が学習者の学習状況に適応しているかどうかを確認できていないまま、教師が望ましいと思っている授業が行われているのではないでしょうか。まず、その認識から改めなければ、授業の改善はあり得ません。

3. 思考や認知過程の内化・内省・外化の重要性

OPPAでは、OPPシートの主に学習履歴を通して、思考や認知過程の内化・内省・外化が行われます。その意義はどのような点にあるのでしょうか。具体的に見ていきましょう。

(1) 内化によって内省が可能になる

思考や認知過程の内化が促されることによって内省が行われやすくなることです。内化がなければ、取り入れた物事や情報に関してあれこれと考えをめぐらすという熟考や再構成は起こり得ません。したがって、学習や授業において重要なのは、学習者に何をどう内化させるのか、またどのように内化が行われたのかを確認することです。

(2) 適切な内省によって外化が可能になる

適切な内省が行われて初めて、何をどう外化したらよいかが明確になってくるということです。思考力や判断力の育成には、内省を適切に行うことがきわめて重要になってきます。学習や授業において重要なのは、学習者に何をどう内省させるのか、またどのように内省が行われたのかを確認させることです。ＯＰＰシートの学習履歴で「授業の一番大切なこと」を書かせるのはこのためです。

(3) 内化・内省は自己評価やメタ認知に必須の過程を提供する

内化および内省は、自己の認知過程の吟味、調節、修正、再編成などを含んでいるので、自己の学習状況を確認する自己評価、あるいはメタ認知の育成にとって避けて通れないことです。これまで、教育実践における自己評価やメタ認知の育成に関して適切な方法が見つからず、どうしてよいかわかりませんでした。その課題を克服する一つの方法が、思考や認知の過程を内化・内省・外化することにあります。

(4) 外化によって情報処理の負荷を軽減する

思考や認知過程の外化による明示化は、外界に認知結果や過程が固定化され、記憶が保持されると同時にそれ自体を操作の対象とすることができ、情報処理の負荷が軽減できることです。つまり、学習者は外化した内容以外のところに頭を使う、つまり内省を働かせることができます。

(5) 外化によって認知活動の再吟味などが可能になる

自らの認知活動の中途結果を確認することによって、自身の認知活動の再吟味や他者との共有、新たな視点の獲得などのメリットが生まれやすくなることです。

(6) 外化によって内省が促進される

思考や認知過程が外化されていると、内省の対象として比較、対照、編集などの操作がしやすくなり、内省が促進されることです。学習や授業などの相互作用的活動が行われる場では、互いに自身の認知プロセスを外化し、相互のプロセスを比較吟味することが自然に要請されるため、内省が起こりやすくなるのです。これは、③につながっています。

このように見ていくと、認知過程の外化は、自分自身の認知過程を具体的に観察可能な形にするという点において、内化および内省の促進にきわめて重要な役割を果たすことになり、両者を切り離して考えることはできないと言えるでしょう。

4. 思考や認知過程の内化・内省・外化の機能および時期

次に、思考や認知過程の内化・内省・外化について、その目的、方法、時期などをもう少し詳しく見てみましょう。

表７－１は、思考や認知過程の内化・内省・外化について、その目的、方法、時期などをまとめたものです。内化と外化については、あらためて説明する必要もないと思われますが、内省については、三つの視点をあげたので、詳しく説明しましょう。

(1) 予見的内省

この内省は、これからの実践に対して見通しをもち、計画を吟味する、修正するなどを意味しています[8]。授業の中でこれを行うことはきわめて難しいですが、ＯＰＰシートを使うことによって可能になります。

たとえ学習の開始時には予見的内省が難しくても、学習履歴を書くことにより、次に授業で何が行われるのか予想できるようになるからです。もちろん、これを可能にするためには、たとえば当該授業の学習内容を踏まえると、次は何を行うのだろうか、というような教師の適切な働きかけが重要になってきます。

表７-１　思考および認知過程の内化・内省・外化と目的・方法・時期

	内化	内省			外化
		予見的内省	学習中の内省	遡及的内省	
目的および機能	過去の経験や学習による外部情報の吸収	既有知識や考えと対比し学習の見通しをもつ	学習から得た内容や変容を熟考する	学習から得た内容や変容を振り返り熟考する	学習から得た内容を表現し自己評価する
方法	教科、科目等で用いるOPPシート				
時期	学習や授業開始時	主として学習や授業実施中			学習や授業終了時

(2) 学習中の内省

実践や活動の中で行われる内省です。途中段階で見直しをはかったり、軌道修正したり、今後の見通しを行ったりして、行動を調整する働きをもっています[9]。これも、当該学習や授業時間の前後を連続的に見通せるOPPシートの学習履歴が重要な役割を果たしています。

(3) 遡及的内省

実践や活動の後、学習全体を振り返り適切な外化を行うための内省です[10]。内省が中心的な役割を果たすのは学習中であることは間違いありません。しかし、学習は一つの単元や内容の中で完結しているのではなく連続性をもっています。それを考慮すると、絶えず学習全体を振り返る内省が重要になってきます。

上記の三つの内省のレベルは、教育実践における複雑な場面に柔軟に対応できるように便宜的に考えているのであって、必ずしもこれに固執する必要はありません。

ところで、ここで検討してきた思考や認知過程の内化・内省・外化を通して学習や授業を考えるとき、学習者および教師の双方にとっての内化・内省・外化を考える必要があります。なぜならば、学びと教えを改善していくためには、学習者と教師双方がお互いの思考や認知過程の内化・内省・外化を適切に機能させる必要があるからです。

第2節　学習者および教師の思考や認知過程の内化・内省・外化

学習や授業における思考や認知過程の内化・内省・外化を考えるとき、学習者と教師双方のそれらについて検討する必要があります。さらに、学習や授業の効果を上げるためには、その両者の相互作用に関してしても十分考慮する必要があるでしょう。これまで、このような学習者と教師の思考や認知過程の内化・内省・外化に関して、双方向性や相互作用の観点から検討されることはありませんでした。

1．学習者の思考や認知過程の内化・内省・外化

学習者の認知構造と、思考や認知過程の内化・内省・外化の関係を示せば図7

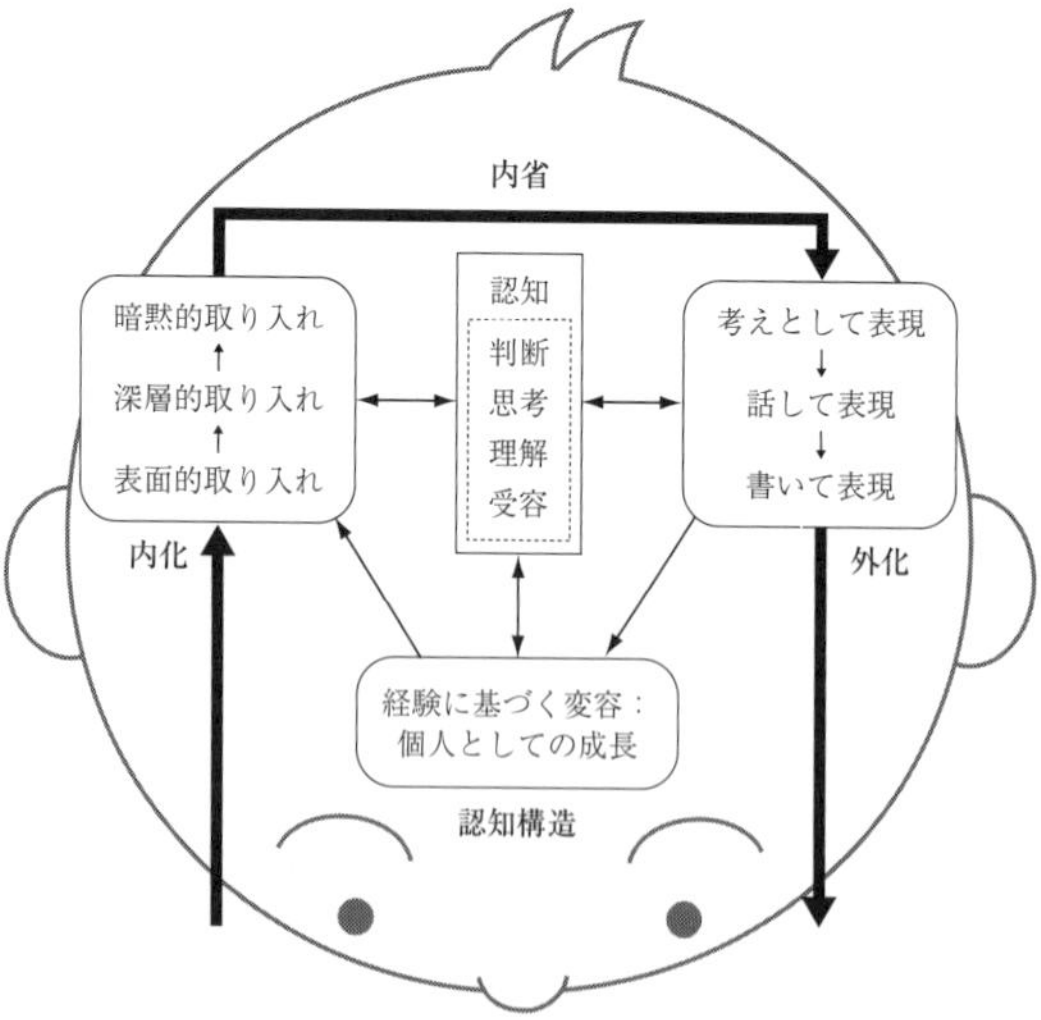

図7-1　学習者の思考や認知過程の内化・内省・外化

－1のようになります[11]。

図7－1では、学習者の認知構造の中に、学習や授業によって得られた情報がまず内化されます。その過程は、たとえば、表面的、深層的、暗黙的取り入れの三段階を想定することができます。この段階の相違は、習熟の程度などによる違いと考えてよいでしょう。

次に、内化された情報をもとに、たとえば、認知としての判断、思考、理解、受容などの内省が行われ、考えとして、話として、あるいはまた書くことによって外化が行われます。さらに、思考や認知過程の内化・内省・外化の要素が双方向性をもって働きかけるとき、経験に基づく変容を自覚し、個人としての成長が実感できるという構造になっています。

2. 教師の思考や認知過程の内化・内省・外化

教師は、学習や授業の中で学習者が表現した学習履歴に対して適切な働きかけをします。しかし、それだけで学習者の資質・能力を育成していくのではありません。学習履歴の内容の質は学習者自身の能力によるのだという考え方もできますが、それは適切ではないでしょう。OPPAでは、学習履歴は「授業の一番大切なこと」を書かせているので、教師自身の授業評価と考えるのが妥当です。つまり、授業で教師が伝えようとしたことが学習者に適切に伝わっているかどうかの判断材料にするという考え方です。学習履歴の内容をもとに授業の適否を判断し、改善へとつなげていくことが教師に求められています。図７－２は、それを示したものです[12]。

図７－２は、教師が学習者の学習履歴をみて、指導目標に照らした理解状態の判断を行い、次に何をどう働きかけるのかを明確にするとともに、コメントなどを通して一人ひとりや全体および学習者相互への働きかけを行うという過程を表しています。このとき、学習履歴の内容を見取ることが教師の思考や認知過程の内化であり、それに関していろいろと検討し、次への手立てを考えていくのが内省であり、それを学習者に具体的に働きかけていくのが外化に他なりません。

３．ＯＰＰシートによる学習者と教師の思考や認知過程の内化・内省・外化

学習者の思考や認知過程の内化・内省・

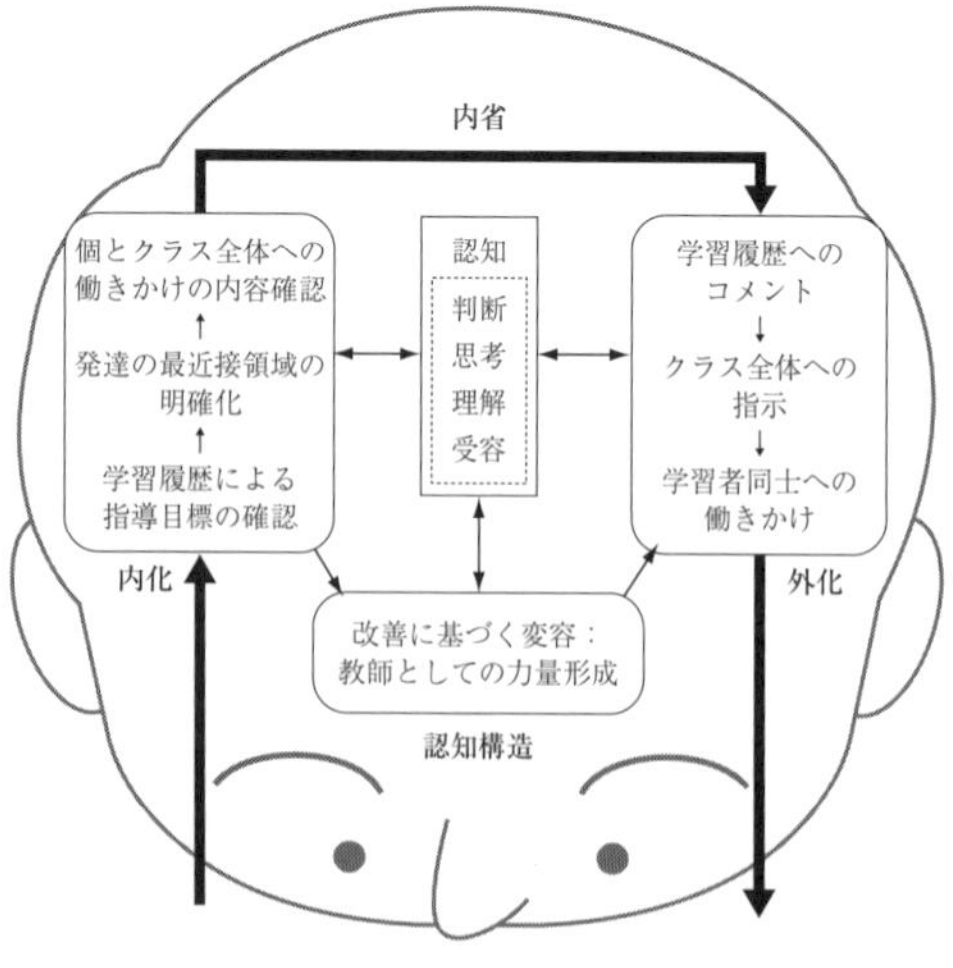

図７－２　教師の思考や認知過程の内化・内省・外化

外化を適切に機能させるためには、教師の働きかけが重要になってきます。それを仲立ちするのがＯＰＰシートなのです。ＯＰＰシートの、主として学習履歴を介在とした学習者および教師の思考や認知過程の内化・内省・外化を説明したものが図７－３です[13]。

⑴　学習者と教師の思考や認知過程の内化・内省・外化とループ

図７－３は、学習者と教師が学習や授業の双方向性のもとに、それぞれがどのようにＯＰＰシートを通して働きかけを行うのかを示しています。まず、学習者が外化したＯＰＰシートの学習履歴をもとに、教師が指導結果の確認として学習状況を把握するとともに授業評価を行い、授業に対する内省を行い、学習や授業過程へのコメントなどを通してフィードバックします。その内容を学習者が内化し、教師の意図すると

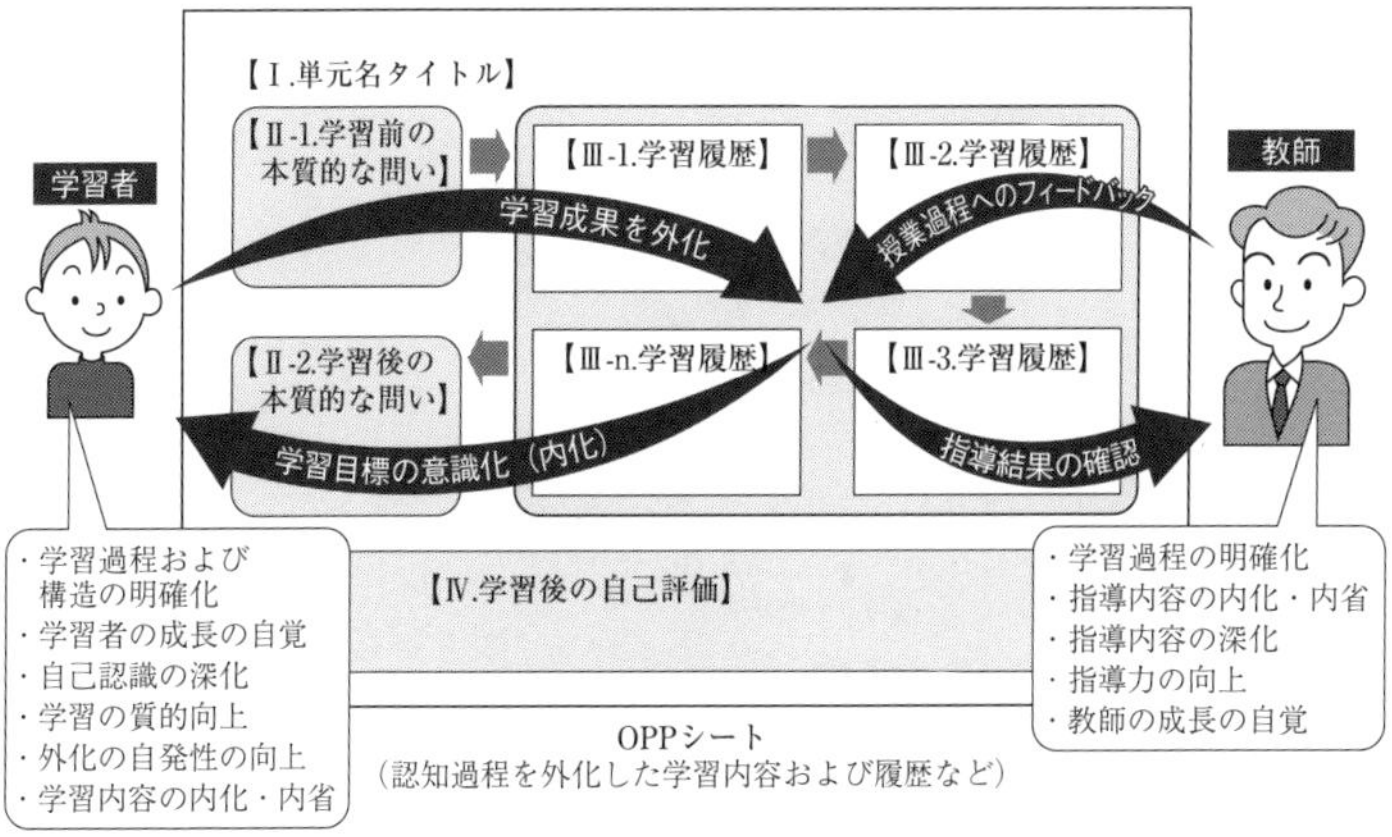

図７－３　OPPシートを介した学習者と教師の内化・内省・外化のループ

ころを内省し、次の機会に外化していきます。もちろん、以前書いた内容に戻って外化することもあり得ます。ＯＰＰシートは、学習者と教師がこのようなループを形成して用いることを想定しています。この過程で、指導に生かす形成的評価を行っているのです。

⑵　思考や認知過程の内化・内省・外化のループとスパイラル化

ところで、図７－３で示したループは、一つだけで完結しているのではありません。ＯＰＰシートの学習履歴は、一回書けば終わりではなく、学習者と教師の思考や認知過程の内化・内省・外化とループは、次のループにつながっているのです。その関係を示したのが図７－４です[14]。つまり、ＯＰＰシートには、目に見えないけれども、図７－４に示したような学習者と教師の間にスパイラルな関係と働きかけが存在しているのです。これが、学習者のメタ認知の能力を育成することに

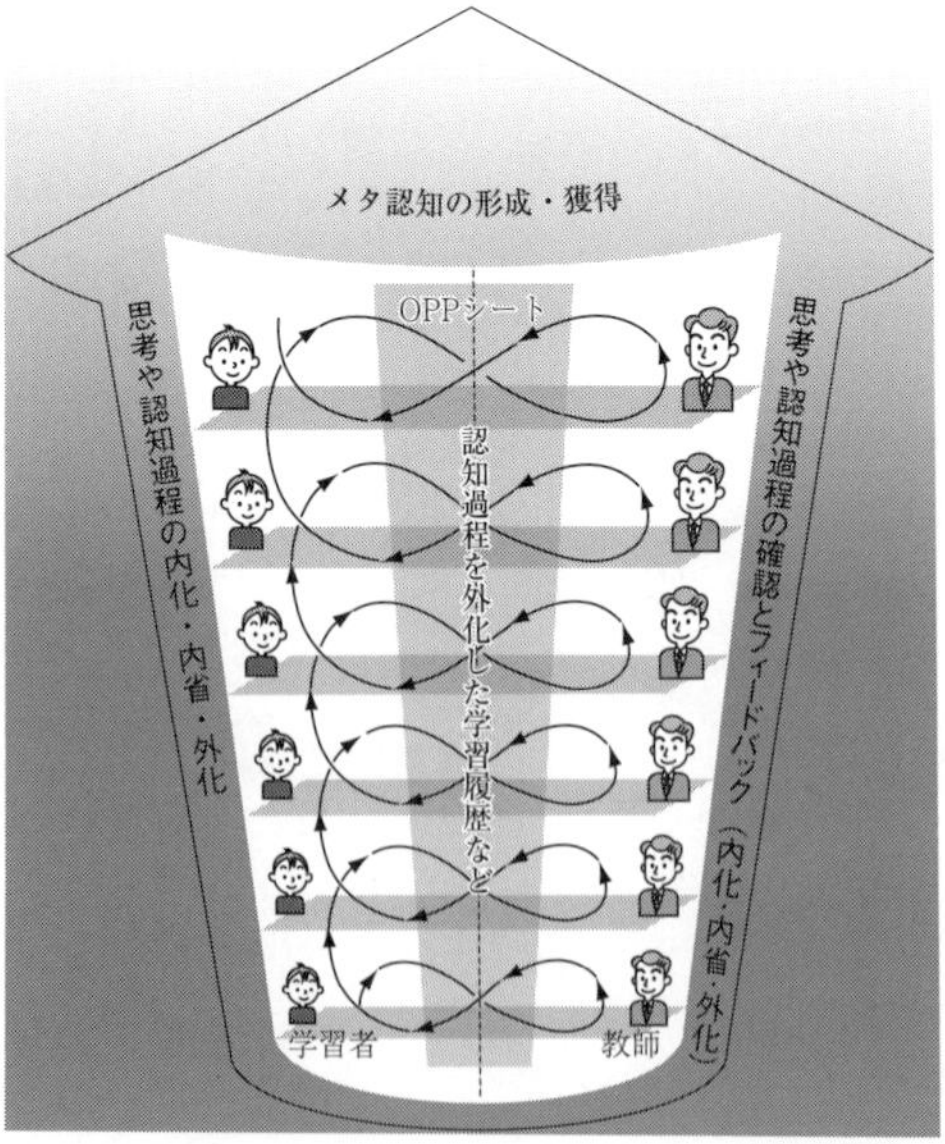

図7－4　内化・内省・外化のループとスパイラル化

つながっています。また、教師にとっては、授業力を向上させるために重要な手がかりを与えてくれることになります。

(3) 思考や認知過程の内化・内省・外化と発達の最近接領域

さて、資質・能力の育成と関連してこれまでに行われてきた研究の中で重要なものは、ヴィゴツキー（Vygotsky, L. S.）の発達の最近接領域です。周知のように、この考え方は、学習者の知的発達を考える際に、二つの水準を重視しました[15)]。

一つは、学習者が現時点において解決可能な問題の水準です。

もう一つは、教師など他からの援助や指導によって解決可能な問題の水準です。

この二つの水準の差から決められる範囲を発達の最近接領域とよびます。

この考え方は、学習や授業においてもきわめて重要です。なぜならば、学習者の資質や能力を育成するために、学習者は現在何ができて何ができないのか、またできていない場合、教師はどこにどのような働きかけを行ったらよいのかを明確にすることと深く関わっているからです。

しかし、実際には、右で述べた二つの水準の特定、およびその領域の幅や差などを明確にできなかったため、その重要性は認識されていても、具体的にどうしたらよいのかという方法論が提案されてきていないのが現状です。

ここで、ヴィゴツキーの言う発達の最近接領域をＯＰＰＡに適用して説明するとどうなるでしょうか。ＯＰＰＡはＯＰＰシートを使い、「授業の中で一番大切なこと」を学習履歴として外化させています。これは、ある意味で学習者が現時点で到達している学習可能な水準を示していると考えられます。これに対して、新しく学習する内容は教師の指導や援助によって到達可能な水準と想定できます。学習者が外化した内容を教師が確認し、コメントなどをほどこし、内化や内省を行います。これが、発達の最近接領域への働きかけに相当します。

さらに、新しく学習した内容に対して外化を行わせることにより、発達の最近接領域の確認と働きかけを繰り返し行うということになります。図７－４は、こうした説明を可視化しているのです。

ＯＰＰシートを通して行う学習者の思考や認知過程の内化・内省・外化は、言うなれば発達の最近接領域の明確化およびその働きかけを明らかにしていると言えます。

これまで、たった一枚の用紙の中で、このように思考や認知過程の内化・内省・外化を働きかけ、学習者の資質・能力を伸ばす方法は存在しませんでした。

第３節　学習者と教師の思考や認知過程の内化・内省・外化における双方向性

ここで、ＯＰＰシートを通した学習者と教師の双方向性をもう少し具体的に説明したのが図7－5です[16]。学習者が学習履歴に外化した内容を、教師自身も活用できるという状態を示したものです。教師は学習者に対して学習を深めるべく足場かけを行い、指導結果を確認します。これが教師自身の思考や認知過程の内化です。それをもとに内省を行い、次の足場かけとなる授業過程へのフィードバックを行います。これが外化です。

こうした手続きを経ることによって、教師自身の授業の質に対する変容をはかることが可能になり、力量形成につながっていくと考えられます。医者は、患者の身体の状態を機械によって把握することができますが、教師にはそれが難しいため、たとえばOPPシートのような道具を利用して、授業の効果を把握するとともに働きかけを行い、再度シートによる確認という作業を繰り返していくことが求められているのです。

ここで、学習者と教師の思考や認知過程の内化・内省・外化における双方向性を考えるときに重要なことを二点指摘しておきます。

1．学習者と教師が学習履歴を見て内化・内省・外化を行うこと

学習者と教師の双方向性を前提とするとき、両者が同じ学習履歴を見ながら内化・内省・外化を行う必要性があるということです。これは、両者が共通の土台をもとに確認と働きかけを行うために重要です。共通の土台がなければ認識のずれが生じることになり、適切な学習効果を生み出しにくくなるからです。

2. 学習者と教師それぞれが自己評価を行うこと

学習者と教師双方が自己評価を行うということです。教育において自己評価と言うとき、学習者のそれを指すことが多いでしょう。教師も自分の思考や認知過程を自己評価するのですが、教育実践においてはあまり教師の自己評価という表現はしません。教師の自己評価に相当する言葉は、授業評価です。授業評価は、教師の自己評価そのものであると考えられます。

ここで検討したことから明らかなように、思考や認知過程の内化・内省・外化は、診断的・形成的・総括的評価や自己評価を適切に機能させるための具体的働きかけの一つと考えてもよいでしょう。また、こうした内容が含まれる活動と働きかけは、メタ認知の能力の育成にとっても、きわめて重要な役割を果

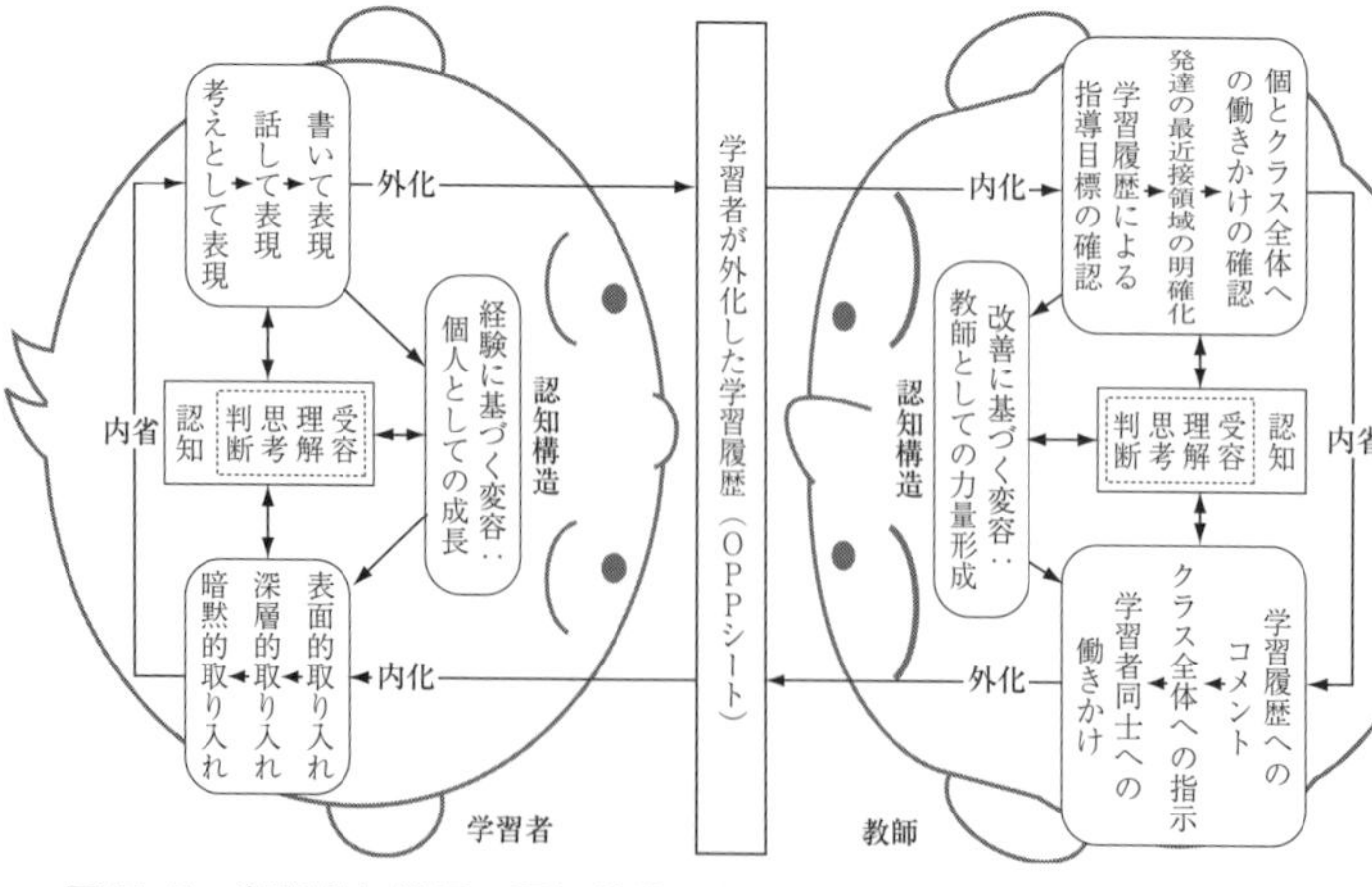

図 7-5　学習者と教師の認知構造における双方向性

たしていると言えます。

註

1)Sawyer, R.K.（Ed.）, *The Cambridge Handbook of the Learning Sciences*, Cambridge University Press, New York, 2006.（邦訳：R.K. ソーヤー編 森 敏昭・秋田喜代美監訳『学習科学ハンドブック』培風館 2009）

2)堀 哲夫「認知過程の外化と内化を生かしたメタ認知の育成に関する研究：その1─OPPAによる外化と内化のスパイラル化の理論を中心にして─」『山梨大学教育人間科学部紀要』Vol.11 pp.12-22 2010 山下春美・堀 哲夫「認知過程の外化と内化を生かしたメタ認知の育成に関する研究：その2─OPPAによる外化と内化のスパイラル化の実践を中心にして─」『山梨大学教育人間科学部紀要』Vol.11 pp.23-35 2010

3)三宮真智子編著『メタ認知』北大路書房 p.45 2008。なお、さらに詳しく述べると、次のようになる。「ヴィゴツキ（Vygotsky, L. S.）によれば、人間の高次心理機能はすべて社会的起源をもち、はじめは社会的な操作（心理間機能）として遂行され、のちに個人的な心理的操作（心理内機能）へと発達していく。このように、社会的な平面から個人の心理的平面への機能の移行を内化と呼んでいる。ヴィゴツキの理論では、内化は外的操作の内的操作への単純な移し替えではなく、心理的平面における機能的システム全体の複雑な再編成であるということが特に重要である。（中村和夫）」（日本認知科学会編『認知科学辞典』共立出版 p.625 2002）

4)Le Cornu, A., Meaning, Internalization, and Externalization：Toward a Fuller Understanding of the Process of Reflection and Its Role in the Construction of the Self, *Adult Education Quarterly*, Vol.59, No. 4, pp.279–297, 2009.

5)*Ibid.*, p.294.

6)日本認知科学会編『認知科学辞典』共立出版 p.105 2002

7)同右書 p.626

8)Van Manen, M., On the epistemology of reflection practice, *Teacher and Teaching：Theory and Practices*, Vol. 1, pp.33-50, 1995.

9)*Ibid.*

10)佐伯 胖監修『「学び」の認知科学事典』大修館書店 p.259 2010

11)堀 哲夫「認知過程の外化と内化を生かしたメタ認知の育成に関する研究：その1―ＯＰＰＡによる外化と内化のスパイラル化の理論を中心にして―」『山梨大学教育人間科学部紀要』Vol.11、p.14 2010

12)同右論文

13)同右論文

14)同右論文

15)L. S. ヴィゴツキー（土井捷三・神谷栄司訳）『「発達の最近接領域」の理論』三学出版 2003

16)堀 哲夫・渡邉 萌「OPPA の理論と実践：一枚の用紙の可能性」『理科の教育』Vol.62 No.732 pp. 35–39 2013

第8章

メタ認知の育成とOPPA

ＯＰＰＡは、ＯＰＰシートを活用して学習者の現状を見取り、かつその実態に教師が適切に働きかけを行うことによって、学習者の資質・能力を育成しようとしています。そこで育成しようとしているのは、高次の資質・能力であるメタ認知です。

第1節　メタ認知とは何か

メタ認知は、学ぶことそのものに関わる内容や学ぶ方法に関わる自己の認識にまで及ぶため重要である反面、その内容を理解するのに難しい側面も併せもっています。

1．メタ認知の定義

メタ認知という用語は、これまで論者によりいろいろな定義がされてきました。広義には、「生きる力」、「自ら学び自ら考える力」、「キー・コンピテンシー」などもメタ認知と言うことができますが、厳密に言うと、それらは異なっています。その検討を否定するものではありませんが、学習や授業に直接重大な影響を及ぼすとは思われません。したがって、ここではその代表的なものをあげておくことにとどめたいと思います。

メタ認知とは、しばしば「自分の思考についての思考[1]」、「自分の認知システムに関する知識と調整[2]」、「自分の行動と思考に影響を及ぼす能力[3]」というように簡潔に表現されることがあります。しかし、こうした簡潔な定義が見受けられる一方で、その特色に関する理論的研究から、学習、記憶、知識、理解、思考、意思決定、および問題解決に関わる多くの多種多彩な科学的な課題の分析に至るまで、比較的短期間に研究が深められ、複雑な構造をもつようになってきています[4)]。

このように、メタ認知のとらえ方に関しては、論者により多くの定義がなされてきており、一義的に決めるのは難しい側面をもっています。こうした定義を踏まえて、実際の学習や授業の中で適用できるものを取り上げてみましょう。さらに、OPPAがメタ認知の資質・能力の育成とどのように関わっているのかを見ていきましょう。

2. メタ認知の構成要素

先に述べたメタ認知の定義から明らかなように、その中には多くの要素が含まれています。本書では、学習者が獲得すべき資質・能力の中でも、メタ認知の能力を最も高次に位置づけています。この能力は、学習指導要領の中で説かれている「生きる力」とほぼ同義であると考えていることはすでに述べました。

では、メタ認知はどのような要素から構成されているのでしょうか。図8－1をもとにして説明します[5)]。メタ認知は、大きく分けると、まず認知の知識・理解に関わる要素（図8－1の左側）と認知の調整（資質・能力）に関わる要素（図8－1の右側）の二つから構成されています。さらに、前者は宣言的知識・理解、手続き的知識・理解、条件的知識・理解の三つからなると考えられています。後者は、プランニング、モニタリング、価値づけからなると考えられています。

①認知の知識・理解（メタ認知の知識・理解）

「宣言的知識・理解」………物事に関する知識・理解

「手続き的知識・理解」……どのように実施するのかに関する知識・理解

「条件的知識・理解」………なぜいつ実施するかに関する知識・理解

②認知の調整（メタ認知の資質・能力）

「プランニング」……行動決定のための計画設定機能

「モニタリング」……認知過程の状態や方略の

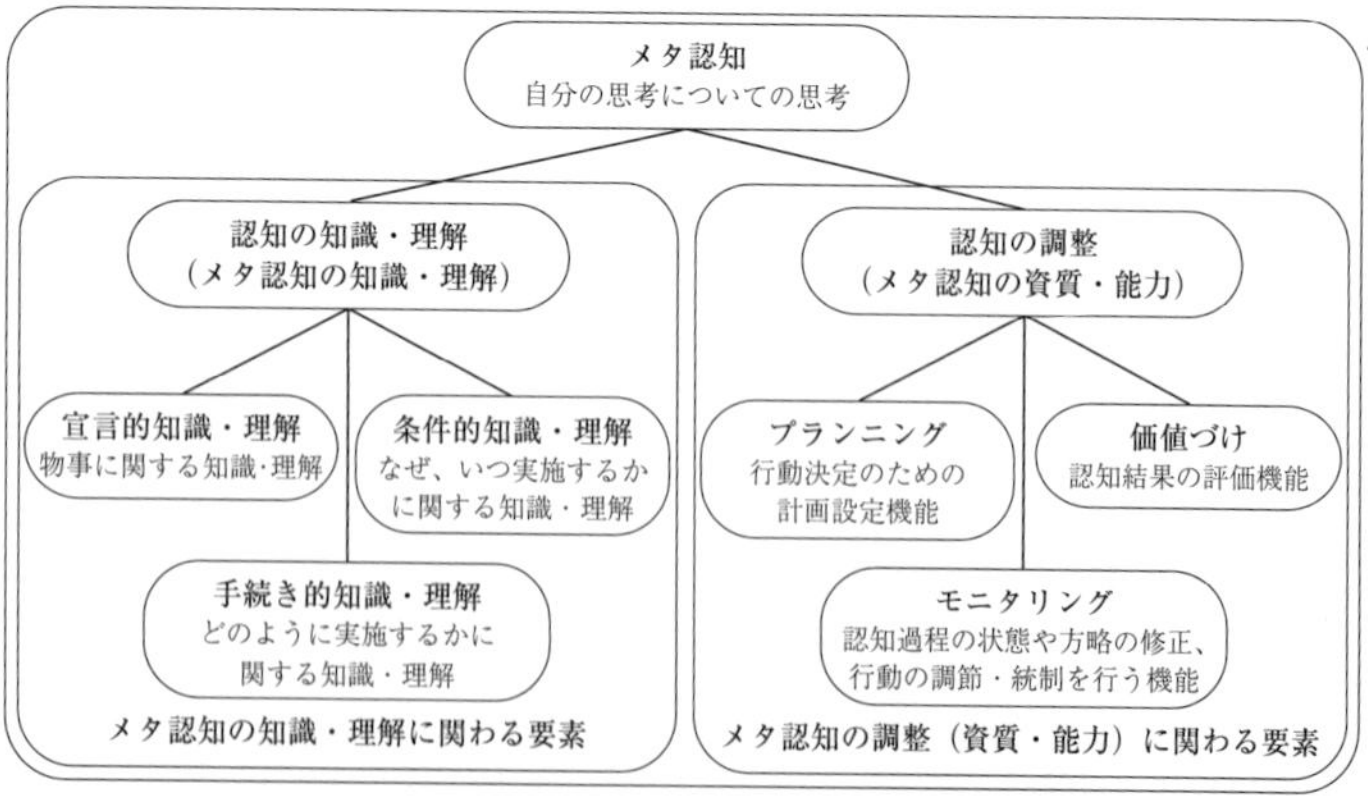

図8-1　メタ認知の知識・理解と資質・能力に関わる要素

修正、行動の調整・統制を行う機能

「価値づけ」……………認知結果の評価機能

メタ認知の能力を育成するためには、これらの要素のどれもが必要とされており、かつ適切に機能することが重要になってきます。具体的な学習や授業と関わりを踏まえてこれらの要素を検討してみると、図8－1の認知の知識・理解に関わるものは、学習や授業の中でも行われていることにつながっています。ところが、右側の要素である認知の調整に関しては、通常の学習や授業の中で、具体的な働きかけや活動が行いにくいことがわかるでしょう。

したがって、図8－1の右側の要素を学習や授業の中で意識化したり、それが含まれる活動を組み入れたり、教師が適切な働きかけを行ったりする必要があります。そうしなければ、メタ認知の能力は育ちません。次の項で具体的に述べるように、OPPAには、図8－1の左右両方に含まれる要素が盛り込まれ、学習者と教師の双方向性をもった学習と指導によって適切に機能するように配慮がなされています（図8－2参照）。

ところで、メタ認知に関して、「認知の知識・理解」をそもそもメタ認知に含めないという考え方もあります。この考え方は、「認知の調整」である「モニタリング」などのメタ認知の作用面を強調し、それに限定したいという理由によるものでしょう。

しかし、学習や授業が行われている現場を見れば明らかなように、学習者の中では両者が混然一体となっているため、判別するのが難しいのです。つまり、メタ認知が作用しているときには、「知識・理解」も働いていると考えられます。メタ認知の能力の育成を考えるとき、その作用という側面からのみでは説明が難しいでしょう。

それゆえ本書では、図8－1のようにメタ認知が「認知の知識・理解」と「認知の調整」という二つの要素から構成されているという考え方を採用しました。

第2節 OPPAとメタ認知能力の育成との関係

これまで検討してきたメタ認知を構成している要素は、OPPAのどのようなところと関わっているのでしょうか。OPPシートは、単元のタイトル、学習前・後の単元を貫く本質的な問い、学習者が記録する学習履歴、シート全体の学習を振り返る自己評価から構成されていることは第1章ですでに述べました。この構成要素のどれもがメタ認知能力の育成と深く関わっています。

OPPシートの活用によって育成できるメタ認知を具体的にあげれば、図8－2のようになります。この図は、図8－1に対応しています。

つまり、OPPシートの構成要素とそこに具現化される内容において、何が「認知の知識・理解」で、何が「認知の調整」に当たるのかを示しています。

1. 認知の知識・理解に関わる要素とOPPシートの働きかけとの関係

まず、認知の知識・理解に関しては、OPPシートの学習前・後の本質的な問い、個別の学習履歴に関する知識や理解、自己の学習状況の把握、時間的経過と学習の関係の把握などがあげられます。

OPPシートの学習前・後の本質的な問いは、素朴概念と学習後に獲得した科学的概念を明確にするために設定されているため、認知の知識・理解と言えます。また、学習後に両者を比較し自己評価するところまで踏み込めば、認知の調整に関する働きかけとなります。

学習中に書かせる学習履歴は、授業の中で最

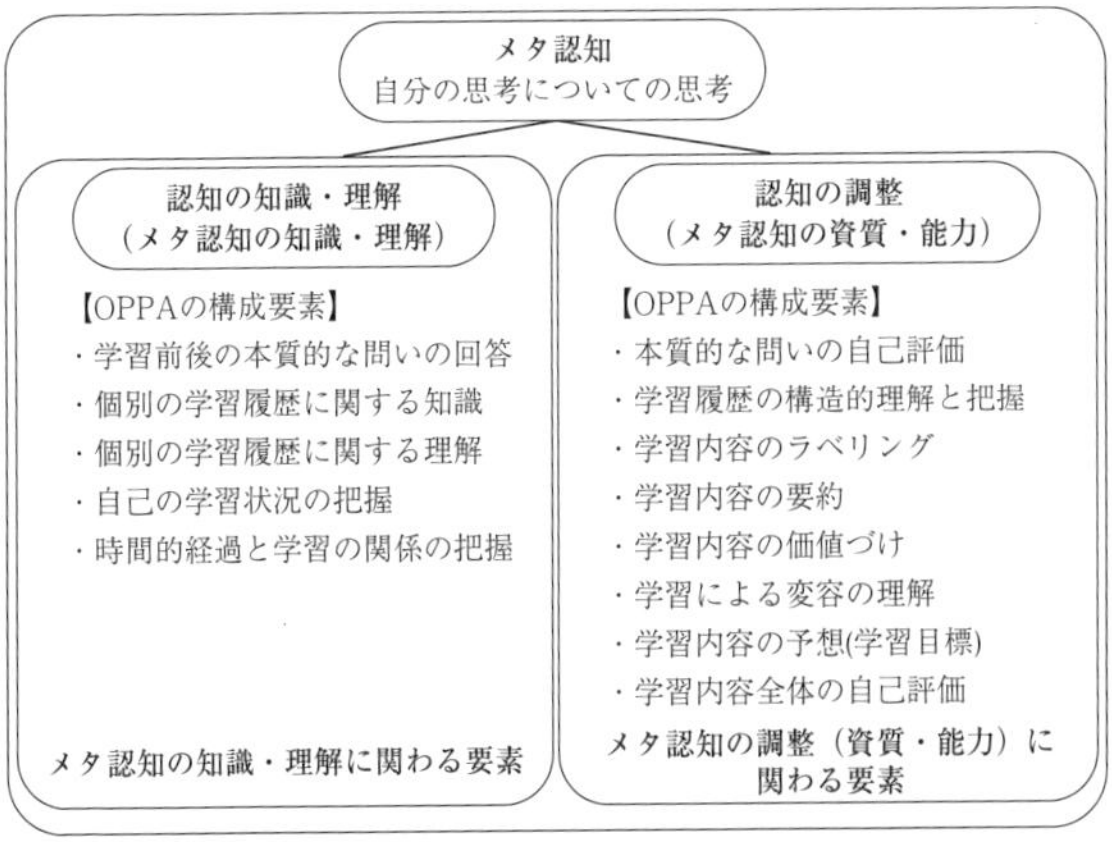

図8-2　OPPシートの構成要素と育成できるメタ認知

も大切だと学習者が考えた内容なので、学習によって獲得された知識とそれをどう理解しているのかに関わっています。また、シートを構成している要素の各部分を学習者が記録し、まとめ上げていくことは、自己の学習状況の把握と関係しています。この内容は、見方によっては、認知の調整という要素も含まれています。

また、シートを構成している各要素に対して学習者がその求めに応じて完成させていく活動は、学習者自身が時間経過と学習との関係および学習による変容を把握するメタ認知につながっています。

このように検討してみると、メタ認知の要素を表した図８－１の内容がＯＰＰシートで行う具体的な働きかけに重なること、さらにこれまで学習や授業の中で扱いにくかった認知の調整の内容がＯＰＰＡから多く見いだせることが明らかになっていると言えるでしょう。

2. 認知の調整に関わる要素とOPPシートの働きかけとの関係

ところで、認知の調整に関しては、学習前・後の本質的な問いに対する自己評価、学習履歴の構造的理解と把握、学習内容のラベリング、学習内容の要約、学習内容の価値づけ、学習による変容の理解、学習内容の予想（学習目標）、学習内容全体の自己評価などがあげられます。

ＯＰＰシートの学習前・後の本質的な問いは、学習後に比較が行いやすいように両者が同一の問いとなっています。学習者が回答した両者の落差が大きければ大きいほど、学習による効果が高かったと気づかせる意図があるのです。これは、メタ認知における資質・能力の一つであると考えられます。

次に、学習履歴は学習前・後がつながっているので、それ自体が学習目標を意識化しやすいように設計されています。さらに、ＯＰＰシートの内容を全て書き上げると、単元全体の構造的理解が可能になります。自分の学んだことの何がどのように関連しているかを可視化することは、認知の調整という点において重要な働きをしているのです。

他方、学習履歴では、授業の最重要点を記録するだけではなく、その時間のタイトルをつけさせることもあります。この活動は、自分の学んだことを一言で言えばどうなるかと考えさせることであり、自己の学びを凝縮させ、かつ学びを価値づける重要な働きかけとなっています。

この検討から明らかなように、ＯＰＰＡでは、認知の知識・理解よりも認知の調整に関わる要素が多くなっています。ＯＰＰシートなどを用いない授業では、前者がほとんどで後者への働きかけが手薄になり、したがってそれに関わる資質・能力も育成されにくいことはすでに指摘しました。ＯＰＰシートを用いることにより、認知の調整すなわちメタ認知的資質・能力を育成することが可能になります。

学習者の資質・能力は、ただ学習や授業を行っていれば、ひとりでに育ってくるものではありません。教師の適切な働きかけがあって初めて育成されるものであることを強調しておきたいと思います。

3．OPPシートの自己評価によるメタ認知の育成

OPPシートは、学習後に学習全体を振り返って自己評価を行うことも特徴の一つです。こうした自己評価はメタ認知と深く関わっています。自己評価には、自己の学習状況を適切に把握し修正するというモニタリングが求められているからです。自己評価には自己を改善するために調整するという機能があるからに他なりません。

最近、「自己調整学習」が強調されています[6]。この考え方の中で、自己評価はほとんど取り上げられていませんが、自己を改善し調整をはかるためには、自己を適切に見取る、言い換えると自己評価が重要になってくると考えられます。自己評価を踏まえた改善や調整なのです。この意味から考えると、すでに繰り返し述べているように、自己評価の意味が教育実践において不当に評価されているように思われます。

OPPシートでは、三種類の自己評価が行われることはすでに指摘しましたが、これがメタ認知の育成に重要な役割を果たしています。それは、メタ認知の一部が自己評価であると言えるからです[7]。メタ認知の定義からも明らかなように、その中の一部は自己

評価という言葉で言い換えることもできます。

ともあれ、メタ認知の育成には自己評価の能力をまず育成することが求められていると言えるでしょう。

4. OPPシートの思考や認知過程の内化・内省・外化とメタ認知の育成

自己評価とともにメタ認知の育成にきわめて重要な役割を果たしているのが思考や認知過程の内化・内省・外化です。なぜならば、メタ認知の内容は、ある意味において思考や認知過程の内化・内省・外化であるということもできるからです。つまり、メタ認知が外部の情報を適切に取り入れ再構成し、検討を加えながら熟考し、的確に情報を発信していくことであると考えられるからです。

このように、教育実践において用いられている言葉は、かなり重なり合っています。教育実践において求められていることは、学習者の資質・能力を高めるという視点です。たとえば、メタ認知という言葉で表現されていると、その定義はわかったとしても、教育実践において具体的にどうすれば身につくのかわからないことが多いでしょう。そのとき、自己評価なり思考や認知過程の内化・内省・外化という言葉や機能を活用すると、具体化を図ることができるのです。OPPAが、自己評価や思考、認知過程の内化・内省・外化を重視しているのは、その機能を活用することによってメタ認知の資質・能力を高めていくことができるからです。

註

1)Rickey, D., Stacy, A.M., The Role of Metacognition in Learning Chemistry, *J. Chem. Educ.*, Vol.77, pp.915 - 920, 2000.

2)Weinert, F. E. & Kluwe, R. H. (Eds.), *Metacognition, Motivation, and Understanding*, Lawrence Erlbaum Associates, Inc.：Hillsdale, NJ, pp.65 - 116,1987.

3)Hartman, H. J. (Ed.), ; *Metacognition in Learning and Instruction：Theory, Research, and Practice*, Kluwer Academic Publishers：Dordrecht, The Netherlands, pp. 3–16, 2001.

4)Metcalfe, J., Shimamura, A. P. (Eds.), *Metacognition：Knowing about Knowing*, MIT Press：Cambridge, pp. xi–viii, MA, 1995.

5)Cooper, M. M. & Sandi–Urena, S., Design and Validation of an Instrument To Assess Metacognitive Skillfulness in Chemistry Problem Solving, *J. Chem. Educ.*, Vol.86, pp.240 - 245, 2009.

6)自己調整学習研究会編『自己調整学習』北大路書房 2012

7)「自己評価能力は、メタ認知能力とかモニタリングとも言われる」という考え方もある。田中耕治『教育評価』岩波書店 p.125 2008

第9章

授業前・中・後の教材研究とOPPA

授業が行われるとき、どのような場合にも教材が用いられます。教材なくして授業が行われることはあり得ません。教材は、学習者と教師の間を媒介し学習活動や授業を成立させるために必要不可欠なものと言えます。

教材研究とは、「教材の本質を深く理解した上で、その教材を通して学習者にいかなる能力（自然・社会などに関する知識・技能・態度）を身につけさせるか、そして、そのためにどのような授業を構成していくかを考えること[1]」です。

教材研究は授業を実施する上で必要不可欠ですが、これまでは授業の実施前に行われることが多かったと言えます。「どのような授業を構成していくかを考える」という表現からも、授業前を想定していることは明白です。

しかし、教材研究は授業中や後にも行われることが望ましいでしょう。なぜならば、授業の過程において適切でない事態に遭遇したときに修正改善が図れるのであれば、当然それを行っていく必要があるからです。また、授業後においても、授業の内容の適否を検討し、次に同じ授業を実施するときに向けて改善しておく必要もあると考えられるからです。

さて、教材研究と深く関わっているのは学習指導案です。学習指導案は授業を適切に行うために適宜作成されるものです。そのために教材研究が念入りに行われることになります。つまり、教材研究がとりわけ念入りに行われるときは、学習指導案を書くときに他なりません。したがって、教材研究そのものだけを検討することは不十分でしょう。そこで、本章ではまず学習指導案の問題点を検討し、OPPAがそれらの問題点をどう克服しようとしているのか、教材研究との関わりのもとに考察します[2)]。OPPAでは、OPPシートの作成、学習者による学習履歴の記入、それに対する教師の確認とシートに対する働きかけ等々の、一連の過程において、授業のたびに教材研究を行っていると考えることができます。

第1節　学習指導案の問題点

学習指導案には、誰もがこのように書かなければならないという決められた形式は存在しません。しかし、実際に利用されているものは、ほとんど類似した形式をとっています。ここでは学習指導案そのものの内容は検討しませんが、一般的に使われている学習指導案の問題点を教材研究との関わりのもとに見ていきましょう。

1．単元を貫く本質的な問いや教科・科目の目標を明確化しにくい

学習指導案を作成するとき、一つの単元をまとまりにして考えられることが多いです。学習指導案には、当然のことながら授業で達成すべき学習および指導目標が書かれてい

ます。そこに書かれる目標は、概して顕在的目標が書かれることが多く、潜在的目標は表面に出てきません。潜在的目標である「原子を学ぶ意義について理解する」などは謳いにくいでしょう。

顕在的目標とは、学習指導案に明文化できる目標です。たとえば、「○○について理解する」や、観点別評価に対応した目標はこれにあたります。それに対して、潜在的目標は、学習指導案に明記しにくい目標にあたります。たとえば、「○○を通して生きる力を養う」とか、「○○によって命の大切さを感得できるようにする」などです。顕在的目標は実際的で具体的なものであり、比較的短期間に達成できる目標です。他方、潜在的目標は理念的で抽象的なものです。

このように、顕在的目標と潜在的目標の関係から考えてみると、学習指導案では、単元を貫いてこれだけはどうしても押さえたい、わかってもらいたいということを目標として表現しにくい、つまり単元を貫く本質的な問いを明確化しにくいということにつながっています。学習指導案の目標というと、どうしても個別の内容の理解や観点別評価に対応した表現に終始しがちで、それはつまり顕在的目標なのです。たとえ学習指導案の作成者の頭の中に潜在的目標の重要性は認識されていても、理想論としての目標が結果として軽視されがちになると言えます。

ＯＰＰシートの「単元を貫く本質的な問い」は、繰り返し述べてきているように、当該単元のどうしても押さえたい、あるいはわかってほしいことを問うので、教科や科目を貫く問いにつながりやすくなります。たとえば、メダカのことを学ぶとき、メダカそのもののことを問うようにしてもほとんど意味はありません。メダカを題材にして教師が何を伝えたいのかを問う必要があります。つまり、「命は、なぜ大切なのでしょう」というような問いになるわけです。理科らしくない問いだと思われるかもしれませんが、小さなメダカにも雌雄があって命をつないでいることこそ学ぶ意味があります。

要するに、OPPシートの「単元を貫く本質的な問い」は、学ぶことの必然性を問いにしているのです。これは、多くの場合、潜在的目標につながっています。OPPシートの自己評価や感想を書く欄には、それに該当する文言が多く見受けられるのです。

2. 授業中や後に軌道修正をすることが難しい

学習指導案は、授業の中で当該単元の内容をどんな順序で行うか、留意事項および具体的評価をどうするか等々が詳細に書かれています。学習や授業に想定される必要事項が明記された計画書であるため、当然重要な役割を果たすことになります。教材研究はその作成のために行われると言えます。

したがって、よりよい授業を行うためには、学習指導案の作成に、どれだけ時間をかけてもかけすぎることはありません。しかし、このように重要な役割を果たす学習指導案であっても、またその作成のために教材研究にどれほど多くの時間がかけられようとも、大きな問題点を抱えていることを認識しておかなければなりません。

それは、学習や授業の過程を明確にすることができても、授業中に軌道修正をすることが難しいということです。なぜ軌道修正が難しいのでしょうか。その原因として考えられるのは以下の三点です。

(1) 学習指導案は「案」の域を出ない

学習指導案はあくまでそれを実施する前の計画が書かれているのであり、学習者の実態や変容が書かれるようになってはいないということです。学習指導案において、学習者の実態である児童観や生徒観は、あくまで授業前の実態です。授業を実施し、計画の変更が必要であるか否かは、学習者がどのような状態にあるのかという実態から判断する必要があります。しかし、授業中にその具体的実態を把握するための方法は、多くの場合、教師の経験や勘に依存しており、毎時間学習者の的確な実態を把握し軌道修正することは、たとえ経験豊かな教師と言えども、かなり難しいでしょう。否、経験豊かな教師ほど、自分の学習指導案は十分に練られ検討を重ねて作成されているので想定外の実態は起こりようもない、と思い込みがちになるのではないでしょうか。

これを避けるために、どうしても授業による学習者の変容を知る必要があります。OPPシートが学習履歴を重視しているのは、授業で生起している現実を知り、それに対処していく方法を取り入れようとしているからです。

(2) 形成的評価が軽視されている

学習指導案の作成は授業前に行うことが中心であり、授業実施後、不適切な考えや内容などを修正して、次の授業を行うときに備えるという考え方が軽視されていることです。言い換えると、指導に生かす評価である形成的評価が十分に行われていないということです。厳しい言い方をすれば、教育現場が忙しすぎることもありますが、やりっぱなしという印象が強いのは否めません。

このように、後始末をせずに放置されることがないようにするためには、その場で対応できるような形に学習指導案を改善していくのがよいと考えられます。それは、学習者の実態を学習の過程に即して反映できるような形にすることです。こうした工夫が学習指導案には求められており、ＯＰＰシートはその一助となると考えられます。

(3) 教材研究は授業前に行うという考え方が中心である

教材研究は授業実施前に行えばよい、という考えが中心になっていることです。学習指導案の作成は教材研究が核になって行われます。授業の実施前に教材研究が必要不可欠であるのは言うまでもありませんが、それだけでは不十分です。

学習指導案の作成に多くの時間をかけ、それに沿って授業が行われるので、想定される課題はほぼ考え尽くされ解決されており、たとえ問題が起こったとしてもさして重要ではないし、対応は必要ないと考えられているのが現実でしょう。

しかし、実際には理想的な授業が毎回行われているとは言い難い現実があります。学習指導案の作成時だけではなく、授業中や後にも教材研究を行い、可能な限り早く適切に授業の改善に生かすことが求められているのです。

3．学習による変容を明確にすることができない

授業で教師が絶えず心がける必要があるのは、学習によって学習者の何がどのように変わったのかを適宜把握することです。

なぜ変容を把握する必要があるのか、その理由には次の二点があげられます。
①学習者に対する教師の働きかけが適切であったのかどうかがわからなくなるから
授業は行ったけれどもその効果は不明、ということでは何ともやりきれません。指導目標が達成できたかどうかがわからなければ、授業改善も何もないということになってしまいます。
②学習者の次なる目標の設定が明確にならないから
変容が不明ということは、学習者の実態がつかめていないということに他なりません。医者の世界で言えば、治療の施しようがない、ということになります。これまで、教育実践の分野では、学習者の変容ということにあまり目が向けられてきませんでした。そ

もそも「変容」という言葉自体用いられることがほとんどなかったのです。変容ということを意識するとき、そこには学習の出発点である前提を知る必要があります。これは、授業効果の検証の前提となるのです。

多くの場合、学習者がどのような状態で学習を始めているのかが把握されないままに授業が行われています。たとえ把握していたとしても、授業の進展とともに何がどのように変わっていくのかを把握し、教師がどう関わるのかをＯＰＰシートのように適切に行っている実践はほとんどありません。教師の経験や勘に頼っているのです。

こうしたことは、授業効果の検証にも深く関わっています。これまで、多くの場合、教育実践における授業効果の検証に意識がほとんど向けられてきませんでした。どう検証したらよいのかわからない、という方法論に関わる課題も存在しているからです。しかし、それでよし、とされる問題ではないでしょう。

学習指導案には、学習者の実態である児童・生徒観、それらを踏まえた目標観や単元観、さらには教材観が書かれていますが、学習や授業の前・後における変容という視点はありません。もし学習指導案にこのような視点が入ってくるのであれば、学習や授業の過程を視野に入れるものに変わっていくに違いないでしょう。

4．思考や認知過程の内化・内省・外化を働きかけることが難しい

学習指導案は、いったん作成されると授業過程において修正が難しいことはすでに述べました。このことは、第7章で詳述した思考や認知過程の内化・内省・外化ということと深く関係しています。問題なのは、学習指導案を利用するとき、思考や認知過程の内化・内省・外化がどこまで可能になるかという問題です。

結論を先に言えば、いったんでき上がった学習指導案は、思考や認知過程の内化・内省・外化を働きかけることが難しいのです。つまり、学習や授業の過程において学習者と教師の双方に働きかける機能はありません。学習指導案を作成するのは教師であって、学習者が関わることはないからです。

したがって、学習者の思考や認知過程の内化・内省・外化に学習指導案が関わることは困難です。本来、学習や授業は学習者と教師の双方向性のもとに成立するものでありながら、学習指導案にはこれが欠如しているのです。

5．学習者自身の自己評価が不可能である

学習指導案の中に、教師の指導目標として、学習者自身が学習目標を立てることが明記されていることはまずありません。学習指導案は、あくまで授業を行う教師とそれを参観する人のために作成されたものであって、学習者自身が関わることはほとんどない

でしょう。

しかし、時として学習者自身が自己評価を行うように書かれている学習指導案も見受けられます。もし、学習指導案の中に自己評価を行うことが明記されているのならば、学習者に学習目標を立てさせるという指導目標も示されている必要があります。

すでに第5章第3節で述べたように、自己評価は学習者が学習目標をもって学習したときに行われるのであり、そうでなければ自己評価とよぶことはできません。しかし、実際には、何の疑いもなく自己評価が行われている実態があるということを再考すべきではないでしょうか。

第2節　OPPAと授業前・中・後の教材研究

教材研究は授業前だけでなく、授業中や授業後に行って初めて授業目標を達成することができるというのは、これまでに検討してきた通りです。とりわけ、授業改善という視点を明確にもつならば、授業前・中・後に教材研究を行うことの必然性が見えてきます。

図9－1は、OPPシートを活用した授業前・中・後の教材研究の具体的な様子を示したものです。次に、この図を踏まえて、授業前・中・後の教材研究について見てみま

しょう。

1．既有の知識や考えを明確にできるＯＰＰシート：授業前の教材研究

学習指導案の作成は、単元観の検討から始まり教材観、児童・生徒観、教材の意義、ねらい、教材・教具、予備実験などが主な内容になります。そのために必要とされているのが教材研究です。すでに指摘したようにＯＰＰシートの作成は学習指導案の作成と同時に行うことが望ましいと考えられます。

その理由の一つは、本章の冒頭で述べた学習指導案の課題を克服するためです。とりわけ重要であると考えられるのは、学習指導案には単元や教科の顕在的目標が明記してあり、潜在的目標がどうしても欠落しがちになるからです。これまでのＯＰＰシートを活用した実践から、

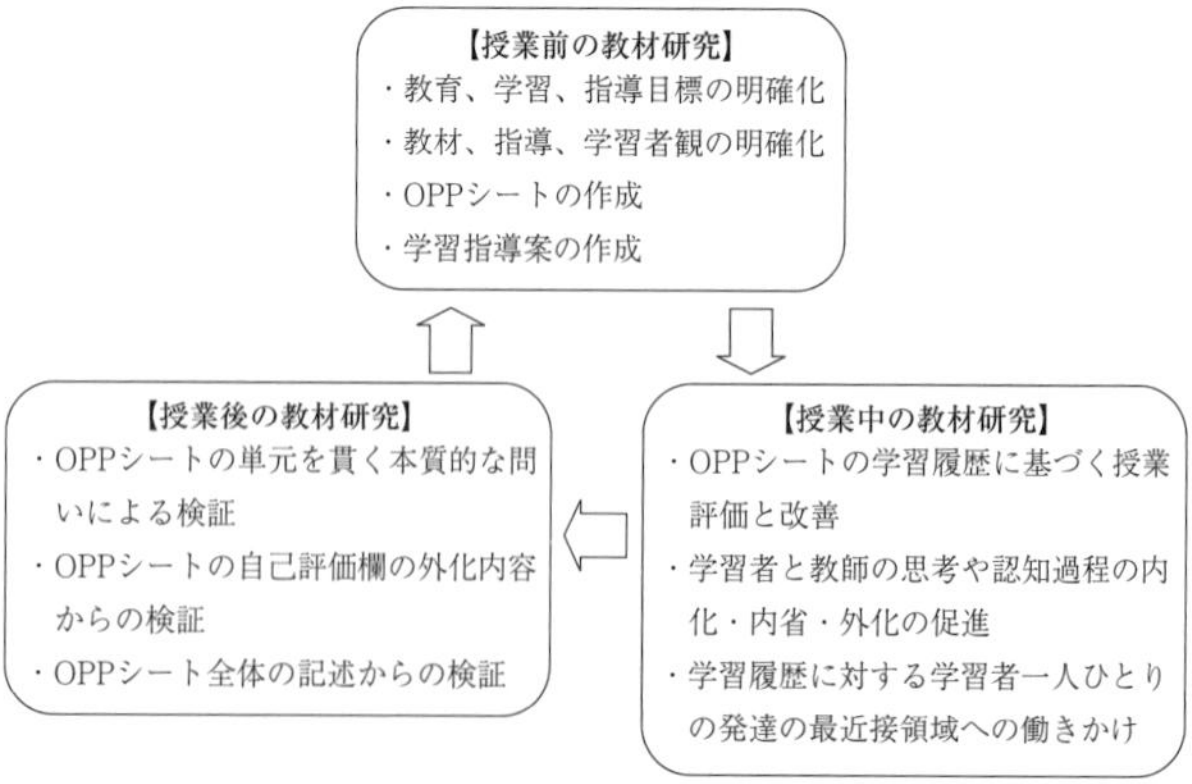
【授業前の教材研究】
・教育、学習、指導目標の明確化
・教材、指導、学習者観の明確化
・OPPシートの作成
・学習指導案の作成
【授業中の教材研究】
・OPPシートの学習履歴に基づく授業評価と改善
・学習者と教師の思考や認知過程の内化・内省・外化の促進
・学習履歴に対する学習者一人ひとりの発達の最近接領域への働きかけ
【授業後の教材研究】
・OPPシートの単元を貫く本質的な問いによる検証
・OPPシートの自己評価欄の外化内容からの検証
・OPPシート全体の記述からの検証

図9-1　授業前・中・後の教材研究の具体的内容

潜在的目標が学習者の中に意識化され、達成されているのではないかという報告がなされています。このことが、なぜOPPシートを使うことによって可能になったかと言えば、以下の二点をあげることができます。

(1) 本質的な問いが単元を貫いて押さえたい内容に限定されている

OPPシートの本質的な問いが、単なる知識や理解の次元を超えて、その単元を貫いてどうしても教師が押さえたいものに限定されていることです。それが、単元だけにとどまらず、科目や教科にも相通ずるものとなっているからだと考えられます。

学習前・後に本質的な問いを教師が設定することは、潜在的目標を教師が絶えず意識して授業を行うことにつながっています。また、それをもとにして教師が教材研究を行うことにより、授業の内容を付加したり順番を変えたりして、学習に必然性をもたせることができます。

(2) 学習者が自己の変容を自覚できる

学習者自身が自らの学習状況をOPPシートによって確認し、自己の変容を意識化していくことができるからです。こうした変容の意識化は、学ぶことについて自分自身への深い問いかけを絶えず行うことにつながっているので、教科や科目のもつ目標を意識することになると考えられます。

また、OPPシートの作成および活用を行うと学習指導案の問題点を克服できます。

これだけは押さえたい、理解させたい、伝えたいという内容に関わる本質的な問いによって潜在的目標を明確にし、学習履歴を通して授業の軌道修正を、学習履歴と自己評価を通して適切な資質・能力を育成することが可能になるからです。

2．形成的評価を可能にするOPPシート：授業中の教材研究

授業実施中に教材研究が行われるという考え方は、現場ではあまりなじみがないかもしれません。しかし、授業の実施中に不適切な学習者の実態が見受けられたならば、それが何に起因しているのかを明らかにし、対応可能であれば善処していくことは当然のことと考えられます。

OPPシートでは、その実態把握に学習履歴などを活用し、それをもとに教材の改善などを考えていくわけです。ここでいう授業過程における教材研究は、そのようなことを意味しています。学習や授業の過程では、「授業の一番大切なこと」を書いた学習履歴によって、教師と学習者のズレを把握して、次の時間における修正へとつなげていきます。また、学習履歴の内容を授業の中で取り上げ、時を経ることなく学習者の課題に応えていくことになります。

また、学習者が書いた学習記録に対して教師が確認と検討を行い（教師による指導結果の内化および内省）、記録内容の質的向上を図るためにコメントを一人ひとりに書い

て返却します（教師の学習履歴に対する外化）。教師が書いたコメントを学習者が情報として受け入れるとともに検討を行います（学習者による内化および内省）。さらに、検討を加えた内容を次の学習履歴につなげていきます（学習者の外化）。

このようなサイクルは、学習者および教師が同じ学習履歴を見て、双方が思考や認知過程の内化、内省、外化を行うことを意味しています。これも、重要な教材研究の一環であると考えられます。

3．次回実施の改善点を明確にできるOPPシート：授業後の教材研究

授業前・中において、OPPシートから読み取った情報をもとに教材研究を行い、授業修正や改善を図っていくのですが、それでもなお問題が残る場合があります。このような場合には、次回に同じ単元を行う場合の学習指導案およびOPPシートの改良を行っておく必要があります。これは、OPPシートへの学習者の不適切な記述から問題点を明確にし、次に同一授業を行うときに備えるためです。

実際、どのように行うのか説明しましょう。まず、OPPシートを使用してみて不適切な点が見受けられた場合は修正をします。たとえば、小学校6年の「ものの燃え方と空気」の単元において、学習前・後の「本質的な問い」をTIMSS（国際数学・理科教育調査）で用いられた「燃えているろうそくにふたをかぶせた場合、一番最後に消え

るのはどれか」という問題を使用しました。それは、わが国の小学生の正答率が国際平均値よりもかなり下回っていたからです[3]。

しかし、学習前に実際に実施してみると、一般的な公立の小学校でもかなりの割合で正答できるのです。そのため、次にはこの問題の使用をやめ、「ものが燃えることによって空気の成分がどのように変化するか」という問いに変えました。この他のＯＰＰシートの改善点は、学習履歴を書かせる回数を一回多くしたことです[4]。

この単元の最初の時間は、教科書通りだと、ろうそくの火を消す実験を見せ、その後ろうそくを燃やし続けるには何が必要かを考えさせるという展開になっていました。つまり、「ものを燃やすには空気（酸素）が必要である」という内容を理解させるために、まず燃えているろうそくを消して、なぜ消えたのかと考えさせることから、燃やし続けるには空気（酸素）が必要であるということに気づかせるという展開です。当然のことながら、授業の後半では燃やし続けることに重点が置かれました。

しかし、授業終了後ＯＰＰシートに「授業の一番大切なこと」を書かせると、驚くべきことに「ろうそくの火が消えること」について書いている学習者が何人も現れたのです。これは、「授業の一番大切なこと」をＯＰＰシートに書かせることによって明らかにすることができた学習者の実態です。したがって、「消す」現象と「燃やし続ける」現象を同一時間内に扱うのは好ましくないので、同じ単元を次回実施するときには、別々の時間で扱うべきであることが授業後の教材研究の結果明らかになったと言えます。ちなみに、次年度に改善した学習指導案でＯＰＰシートを用いて授業を実施してみたところ、何の問題もなく授業を終えることができました。これは、授業後の教材研究の重要性を示す一事例と言うことができるでしょう。

第3節　教師用ＯＰＰシートの基本的構造

ここで、ＯＰＰシートは学習者用を作成するだけでなく教師用も作成しておくことを提案します。教師用も作成するとなると時間もかかる、面倒くさい等々の意見があるかもしれません。しかし、実際作って実施してみればわかることですが、これまで見えていなかった学習者の姿が見えてきたり、想定外の実態が明らかになったりします。また、これも重要な教材研究と考えることもできるのです。

教師用のＯＰＰシートの基本的構造を図９－２に示しました。これは、第１章図１－２で示した学習者用と変わりません。ただ、教師が必要な情報を得ることができるような要素になっている点が異なっています。

まず、学習前・後には「本質的な問いの設定理由」を書く欄があります。これは、どのような意図でもって学習者用のＯＰＰシートの「本質的な問い」を設定したのかを書いておきます。この欄は、学習者用シートに学習者が答えた内容を確認して、自分の意図との間にズレがあるかないか、またそれに対する考察等を書いておくとよいでしょう。

次に、学習者用は「学習履歴」であるところに、毎時間「指導履歴」を書いていきます。授業前には、この欄に学習者が「授業の一番大切なこと」として書いてほしいことを記録しておき、授業後に学習者用シートにそれが書かれているかどうかを確認します。つまり、「指導履歴」に書かれた内容が学習者の「学習履歴」に反映されているかどうかを確認するための情報として活用するわけです。また、両者の間にズレが生じていたならば、次の授業でどのような修正をすればよいかを「指導履歴」に書き込んでおくと、指導と評価の一体化である形成的評価が可能になります。

最後に、教師の「授業後の自己評価」を設定しました。これは、教師が単元全体の授業を振り返って、や

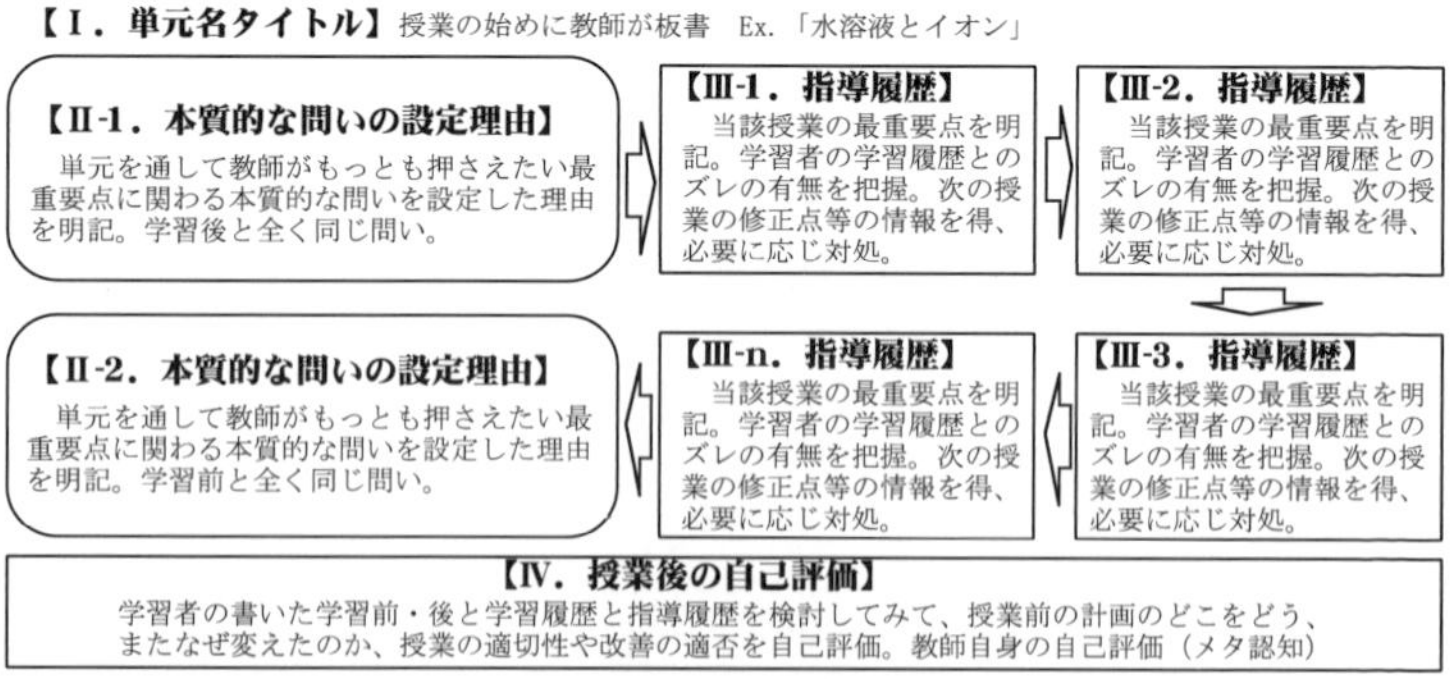
【Ⅰ．単元名タイトル】授業の始めに教師が板書　Ex.「水溶液とイオン」

【Ⅱ-1．本質的な問いの設定理由】

単元を通して教師がもっとも押さえたい最重要点に関わる本質的な問いを設定した理由を明記。学習後と全く同じ問い。

【Ⅲ-1．指導履歴】

当該授業の最重要点を明記。学習者の学習履歴とのズレの有無を把握。次の授業の修正点等の情報を得、必要に応じ対処。

【Ⅲ-2．指導履歴】

当該授業の最重要点を明記。学習者の学習履歴とのズレの有無を把握。次の授業の修正点等の情報を得、必要に応じ対処。

【Ⅲ-3．指導履歴】

当該授業の最重要点を明記。学習者の学習履歴とのズレの有無を把握。次の授業の修正点等の情報を得、必要に応じ対処。

【Ⅲ-n．指導履歴】

当該授業の最重要点を明記。学習者の学習履歴とのズレの有無を把握。次の授業の修正点等の情報を得、必要に応じ対処。

【Ⅱ-2．本質的な問いの設定理由】

単元を通して教師がもっとも押さえたい最重要点に関わる本質的な問いを設定した理由を明記。学習前と全く同じ問い。

【Ⅳ．授業後の自己評価】

学習者の書いた学習前・後と学習履歴と指導履歴を検討してみて、授業前の計画のどこをどう、またなぜ変えたのか、授業の適切性や改善の適否を自己評価。教師自身の自己評価（メタ認知）

図 9-2　教師用 OPP シートの基本的構成要素と骨子

はり授業前の意図と授業実施中および後の全体を通して、計画の適切性や自分の力量形成に何が求められているか等々を自己評価するためです。いわば、教師自身の授業実施と効果に関するメタ認知であり、授業力の向上のためには欠かせません。

これまで検討してきた教師用ＯＰＰシートは、授業改善や教師力の向上を図るためには必須であると考えられます。しかし、毎回こうした手続きを経るのが厳しいということであれば、せめて研究授業のときに学習者用と教師用ＯＰＰシート、および学習指導案の三点セットとして活用することを提案したいと思います。ＯＰＰシートを活用して授業研究を行えば、少なくともこれまで以上の成果を得ることができると考えられます。なぜならば、学習指導案だけではＯＰＰシートを構成する要素と評価、とりわけ形成的評価や自己評価の機能が欠けているからです。

要するに、教師用ＯＰＰシートを適切に活用すれば、立派な教材研究の一環とすることができるでしょう。

第4節　ＯＰＰシートによる資質・能力の育成に向けた教材研究

ＯＰＰシートは、毎時間授業に取り入れ、ただ書かせていれば資質・能力が自然と高まっていくわけではありません。教師の適切な働きかけを行うことによって、次第に資質・能力が高まっていきます。これも教師の大切な教材研究の一部と言えます。具体的にどうしたらよいのでしょうか。「学習履歴」の欄を中心に見てみましょう。

1．資質・能力を高める働きかけ

ＯＰＰシートを使って学習者の資質・能力を高めるためには、主として以下の三点が重要になります。

(1) クラス全員に「一番大切なこと」の要件は何かを考えさせる

「学習履歴」を一、二回書かせた後で行うのがよいでしょう。「一番大切なこと」と言うからには、その中にどうしても含まれなければならないことをあげさせるのです。たとえば、「キーワード」、「中心になっていること」、「はずせないこと」等があるでしょう。そして、どれもいい考えだけれども、その中で自分が気付いていなかったよい考えがあったら、次に学習履歴を書くときにそれを使って書いてみよう、と働きかけるのです。

このとき、学習者があげてくれた考えに対して優劣をつけてはいけません。なぜならば、教師が優劣をつけることによって、学習者が自分の考えでなく教師の考えを鵜呑みにしてしまいがちだからです。重要なのは、自分の頭で考え、表現することなのです。

学習履歴に書かれている内容の質を高めるためには、このような働きかけを適宜行う必要があります。しかし、こうした活動は教科書の内容にはないので、授業においてこの時間を生み出す必要があるのです。

(2) 学習履歴をさらによくするためには何をどうしたらよいか考えさせる

この活動は、ＯＰＰシートを使い始めてから早い段階に行っても効果は上がらないかもしれません。なぜならば、教師が働きかけている意味そのものを理解するのに、質的に高い能力が必要とされるからです。適切な時期を設定する必要があるでしょう。

(3) 学習履歴に対して以前と比較してどちらがよいか、それはどうしてかを考えさせる

これも、そのための時間確保が必要となります。こうした比較を行わせることは、自分自身の学習成果を客観的に見取る力をつける上で重要となってきます。ただし、これも高いレベルの能力が必要とされるので、その力があまりないときに決して無理強いをしてはいけません。

以上述べた三点は、言うなれば学習者自身が学習成果のレベルを判断する基準作りを行っていると言えます。こうした基準は教師がもっているだけでは本来の教育とは言えません。最終的には、自ら学び自ら考えることができるメタ認知の能力をつけるために、学習者自身が自分の学習に対する基準作りを行う必要があるのです。

しかし、当然のことながら最初から学習者にこのような資質・能力があるわけではありません。少しずつ少しずつ形成・獲得するための働きかけを教師が授業で行うことが

求められているのです。

なお、ここで検討した資質・能力の育成に対する働きかけは単元や学習履歴のタイトルをつけさせる場合も同じ働きかけでよいでしょう。つまり、「よいタイトルの条件」を考えさせたり、その基準を考えさせたりするのです。

2. 教師による適切なコメントの必要性

また、学習履歴と関わって学習者の資質・能力を高めるために重要な視点として、学習履歴に対して教師が適切なコメントを加えることがあげられます。教師は授業前に学習者に書いてほしい内容を当然想定しているのですが、たとえ意図した内容が書かれていたとしてもそのまま放置してはいけません。それ以上の力をつけるためには、適切な働きかけが求められています。

この場合は、次のようなコメントが参考になるでしょう。「具体的に言うと何ですか」「自分の言葉で説明するとどうですか」「他にはないですか」「違いは何ですか」「○○についてはどうですか」「わかったことは何ですか」等々。このコメント例から明らかなように、教師が加えるコメントはできる限り短い方がよいでしょう。その理由は、長いコメントは教師が回答を与えることになりかねないからです。コメントを通して学習者に思考を促すことが大切なので、「先生は何を求めているのだろうか」と考えさせるために、表現を工夫する必要があるのです。

さらに、教師が加えたコメントに対して後から学習者が書き加えてもよいことを伝えておく必要があります。そのとき注意しなければならないのは、書き加えるときは鉛筆の色を変えて書くということです。要するに、最初に書いたのか後で書き加えたのか、ほかの人にもわかるようにしておくことです。そうすれば、自分の考えの変容を知ることにもなります。また、このように学びの過程を知ることは、その意味を学習者に伝える上で重要になってきます。

教師の想定レベルに達していない場合は言うに及ばず、そうでない場合にも、学習者の資質・能力を高めるための何らかのコメントを加えることによって、授業中にはできない学習者一人ひとりに対する働きかけも可能になると言えます。

註

1)日本教育方法学会編『現代教育方法事典』図書文化 p.207 2004

2)渡邉 萌・神澤恒治・堀 哲夫「OPPシートを用いた理科授業力向上のための教材研究のあり方―高等学校生物Ⅰ『生殖と発生』を事例にして―」『教育実践学研究』No.18 pp.164-174 2013

3)山下春美・堀 哲夫「OPPシートを活用した授業のグランドデザインに関する研究―小学校6年『もののもえ方と空気』の単元を事例にして―」『教育実践学研究』No.15 pp.20-42 2010

4）山下春美・堀　哲夫「形成的評価を活用した授業改善に関する研究―ＯＰＰシートによる学習履歴の検討を中心にして―」『山梨大学教育人間科学部紀要』Vol.12 pp.327-337 2011

第10章

小・中・高等学校における OPPAの実践

これまで、OPPAの理論やその特徴に関して検討してきました。次に検討したいのは、OPPAはどこでどんなふうに用いられるか、ということです。先に結論を述べておけば、OPPAは学習者が関わっている教育実践のあらゆる場面において活用できます。とりわけ、学習者の変容、学習や授業の成果などを検証する場面において効果を発揮します。OPPAには、教育実践を貫く原理・原則が存在していると言えるでしょう。

教育実践において、学習者の実態を把握したり、また働きかけを行ったりするのに多くの方法が取り入れられてきています。そのとき重要になってくるのは、教科・科目や教科外の領域全体に共通する理論を明確にし、それをそれぞれの内容に適用してみるという考え方です。これは、根っこや骨格が同じで、異なっているのは内容であるということを意味します。実際、このような考え方に基づいて実践してきましたが、これまでに不都合を感じたことはありません。

もし教科・科目や教科外の領域ごとに方法が異なっているとしたら、教師は大変なことになります。もともと、教科・科目や教科外の領域は人が便宜的に作った区分けであり、絶対的なものではありません。その根っこに当たるもの、言い換えると原理・原則は一つと考えたほうが妥当です。

本章では、教科・科目、教科外におけるOPPAの活用について、実際に使用してみた事例（一部未使用のものも含めて）を示しながら説明していきます。これらの詳細について述べることは紙幅の都合上難しいので、具体的な内容に関しては他の文献を参照してください[1)]。

なお、本章で取り上げられている事例は、多くの先生方が実際に現場で活用したものが中心になっています。お名前を紹介していませんが、ここに取り上げることを快諾してくださったことに感謝します。

第1節　OPPAの教科・科目における活用

OPPAは当初、小学校理科の中で開発されてきました。OPPAの考え方はあらゆる教育実践に適用できると考えていたので、一つの教科だけで完結していたのでは、あまり意味がありません。そのうち、理科のみならず小学校の多くの教科に適用されるようになってきました。

次に中学校で、さらに高校のいろいろな科目で、その妥当性が検証されてきました。さらに、小学校の教科外、たとえば、道徳、朝の読書、運動会などで活用できるのではないかという声があがり、それが検証されることになりました。

こうした背景には、先述したように教育の原理・原則は一つであるという考えがあります。一般的に、教科・科目に適用される考え方や方法は、教科外には適用できないことが多いです。それゆえ、どうしても個別のやり方が導入され、煩雑になることが避けられませんでした。この現状を克服しようとした一つの方法がＯＰＰＡです。

では、これまでに行われてきた実践の成果の一端を見てみましょう。

1．小学校社会科の事例：授業改善の検証

まず、小学校の教科における事例をあげてみます。すでに前章までに詳述してきましたが、具体的事例と関わってＯＰＰシートの要点を簡単にまとめておきましょう。

⑴　ＯＰＰシートの構成

図10－1は、小学校５年社会科「これからの食料生産」全５時間の授業で使用したＯＰＰシートです。シートはＡ３版の用紙の両面を用い、上段が表面、下段が裏面で、二つに折りたたんで用いています。

折りたたんだときに、学習前・後の単元を貫く本質的な問いが比較できるようになっています。

また、学習履歴は、授業終了後に、授業のタイトル、さらに「授業の一番大切なこと」を書かせるようになっています。さらに、学習の最後には、「おうちの方からひとこと」として保護者からコメントをもらう構成になっています。

さらに、このシートは表紙のところに四角い枠を設け、教師があらかじめ設定した単

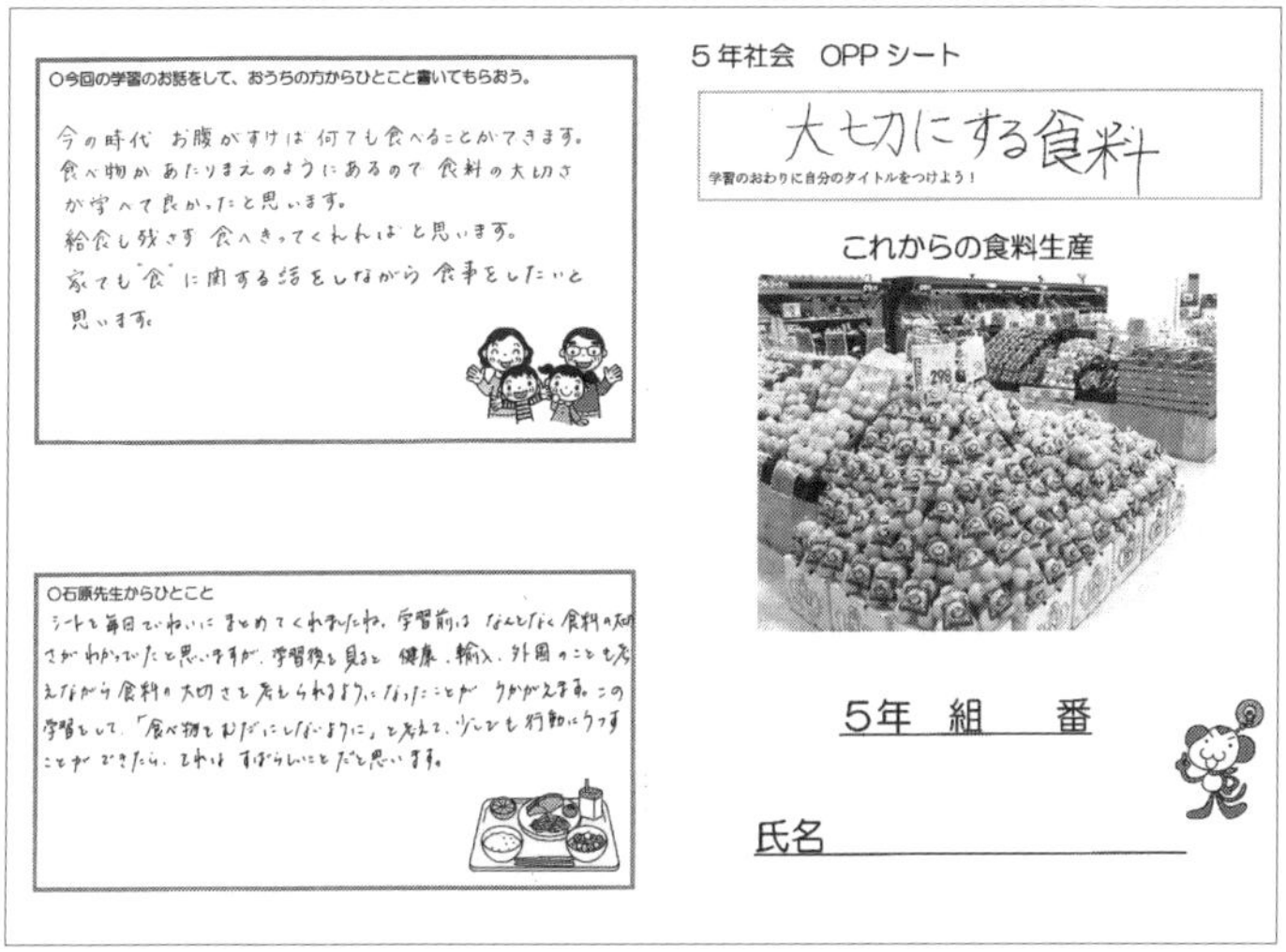

5年社会　OPP シート

大切にする食料

学習のおわりに自分のタイトルをつけよう！

これからの食料生産

5年　組　　番

氏名

○今回の学習のお話をして、おうちの方からひとこと書いてもらおう。

今の時代 お腹がすけば 何でも食べることができます。
食べ物が あたりまえのようにあるので 食料の大切さが学べて良かったと思います。
給食も残さず 食べきってくれればと思います。
家でも"食"に関する話をしながら 食事をしたいと思います。

○石原先生からひとこと

シートを毎日ていねいにまとめてくれましたね。学習前は なんとなく食料の大切さがわかっていたと思いますが、学習後を見ると 健康、輸入、外国のことも考えながら食料の大切さを考えられるようになったことが うかがえます。この学習をして、「食べ物をむだにしないように」と考えて、少しでも行動にうつすことができたら、それは すばらしいことだと思います。

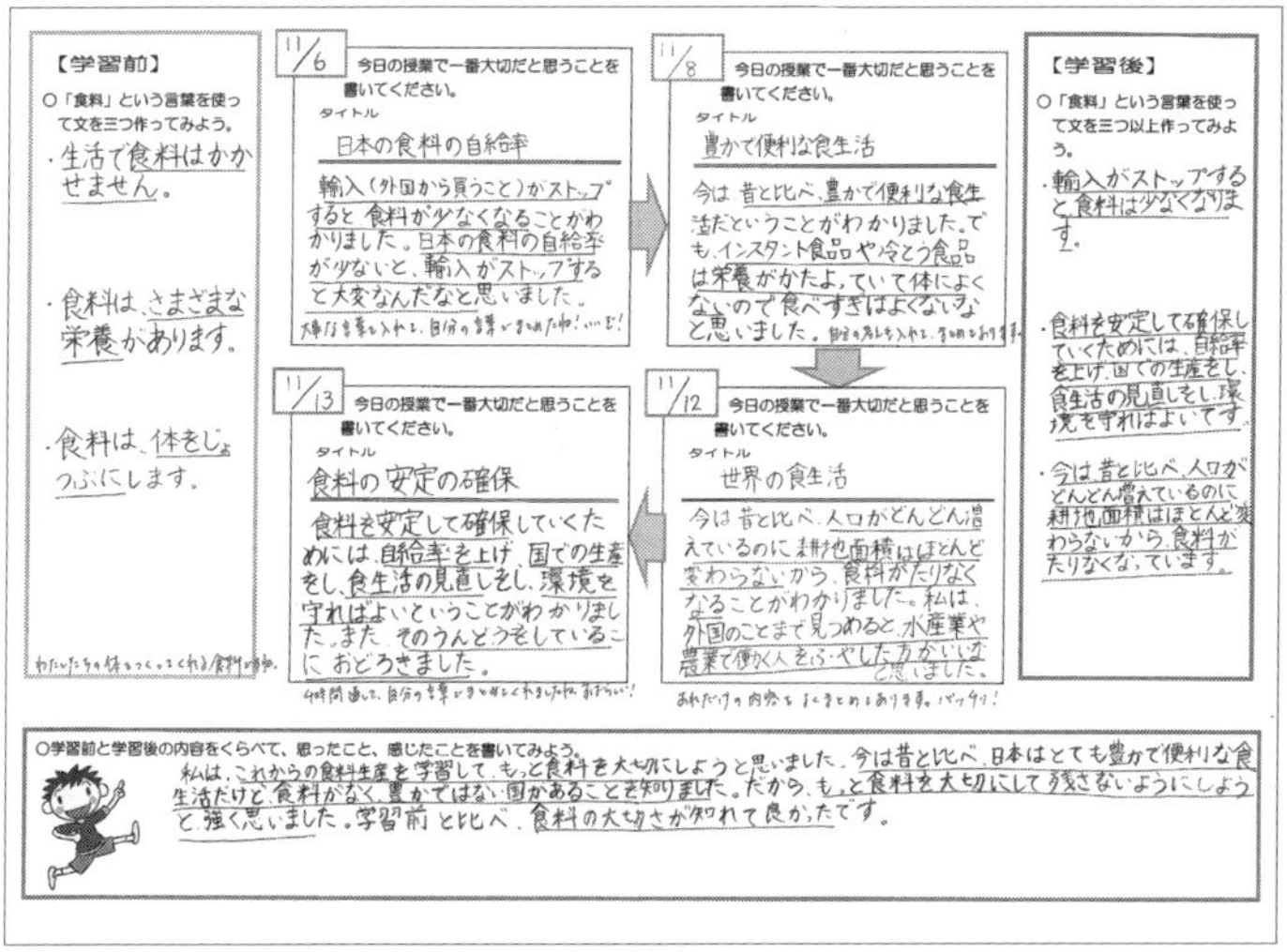

【学習前】

○「食料」という言葉を使って文を三つ作ってみよう。

・生活で食料はかかせません。

・食料は、さまざまな栄養があります。

・食料は、体をじょうぶにします。

わたしたちの体をつくってくれる食料の特徴。

11/6　今日の授業で一番大切だと思うことを書いてください。

タイトル　日本の食料の自給率

輸入（外国から買うこと）がストップすると 食料が少なくなることがわかりました。日本の食料の自給率が少ないと、輸入がストップすると大変なんだなと思いました。

大事な言葉を入れて、自分の言葉でまとめた的！いいぞ！

11/8　今日の授業で一番大切だと思うことを書いてください。

タイトル　豊かで便利な食生活

今は 昔と比べ、豊かで便利な食生活だということがわかりました。でも、インスタント食品や冷とう食品は栄養がかたよっていて体によくないので食べすぎはよくないなと思いました。

自分の考えも入れて、まとめてあります。

11/12　今日の授業で一番大切だと思うことを書いてください。

タイトル　世界の食生活

今は 昔と比べ、人口がどんどん増えているのに耕地面積はほとんど変わらないから、食料がたりなくなることがわかりました。私は、外国のことまで見つめると、水産業や農業で働く人をふやした方がいいなと思いました。

あれだけの内容をよくまとめてあります。バッチリ！

11/13　今日の授業で一番大切だと思うことを書いてください。

タイトル　食料の安定の確保

食料を安定して確保していくためには、自給率を上げ、国での生産をし、食生活の見直しをし、環境を守ればよいということがわかりました。また、そのうんどうをしていることに おどろきました。

4時間通して、自分の言葉でまとめてくれましたね。すばらしい！

【学習後】

○「食料」という言葉を使って文を三つ以上作ってみよう。

・輸入がストップすると食料は少なくなります。

・食料を安定して確保していくためには、自給率を上げ、国での生産をし、食生活の見直しをし、環境を守ればよいです。

・今は昔と比べ、人口がどんどん増えているのに耕地面積はほとんど変わらないから、食料がたりなくなっています。

○学習前と学習後の内容をくらべて、思ったこと、感じたことを書いてみよう。

私は、これからの食料生産を学習して、もっと食料を大切にしようと思いました。今は昔と比べ、日本はとても豊かで便利な食生活だけど、食料がなく、豊かではない国があることを知りました。だから、もっと食料を大切にして残さないようにしようと強く思いました。学習前と比べ、食料の大切さが知れて良かったです。

図 10-1　小学校社会科の OPP シート（上：表面、下：裏面）

元のタイトル「これからの食料生産」とは別に、学習の最後に、学習者が自分自身でタイトルをつけるようになっています。

(2) OPPシート構成の要点

OPPシートを作成するときに重要なことは、以下の三点です。ここであげた要点は、どの事例に関してもあてはまります。

①教師が学習者につけたい力を明確にし、それが確認できる構成にすること

学習前・後の単元を貫く本質的な問いからは、自己の変容に気づき、学習目標をもち、それをモニタリングする力を、また学習履歴のタイトルづけや「授業の一番大切なこと」および単元のタイトルづけからは、思考力・判断力・表現力を確認できるように構成されています。

②シートの構成のみならず学習者が身につけた力とその変容を確認できる方法が取り入れられていること

そのため、OPPシートでは、学習前・後や学習履歴全体では自己評価を、学習前・後および学習履歴ではポートフォリオ評価とパフォーマンス評価を取り入れています。

③OPPシートに学習内容を書き入れるたびに、学習前・中・後の方向性が見通せる、学習後は全体が一枚の用紙の中で構造的に把握できるように構成すること

学習を終えたときには、自分で考えまとめ上げたものの全体を把握でき、しかも自分

の変容も把握できるということが、学ぶ意味、必然性、自己効力感の獲得につながっていくのです。

2. 中学校理科の事例：授業前・中・後の教材研究の検討

中学校の場合でも、全ての教科の中でOPPシートを活用することができます。どの教科であってもOPPシートの基本的構成要素は同じであり、違うのは内容、つまり単元を貫く学習前・後の本質的な問いだけであると言っても過言ではありません。

図10－2は、中学校2年理科「消化と吸収・呼吸のはたらき」（全8時間）の授業で使用したOPPシートです。このシートも、小学校であげた事例と同じく、A3版の用紙の両面を用い、上段が表面、下段が裏面で、三つに折りたたんで用います。シートを開いたときに、学習前・後の単元を貫く本質的な問いが比較できるようになっています。

このシートを使うときに重点を置いたのは、授業前・中・後の教材研究です。授業前・中・後というよりも、単元前・中・後といったほうが適切かもしれません。

授業前には、目標観、指導観、生徒観、教材観などを明確にするという視点から教材研究を行います。消化や吸収、呼吸などは、動物の生命を維持する上で重要な働きをしています。また、消化や呼吸などは、よく使ったり耳にしたりする言葉ですが、その詳しいメカニズムについて、中学生は知らないことが多いでしょう。その上、多くの器官

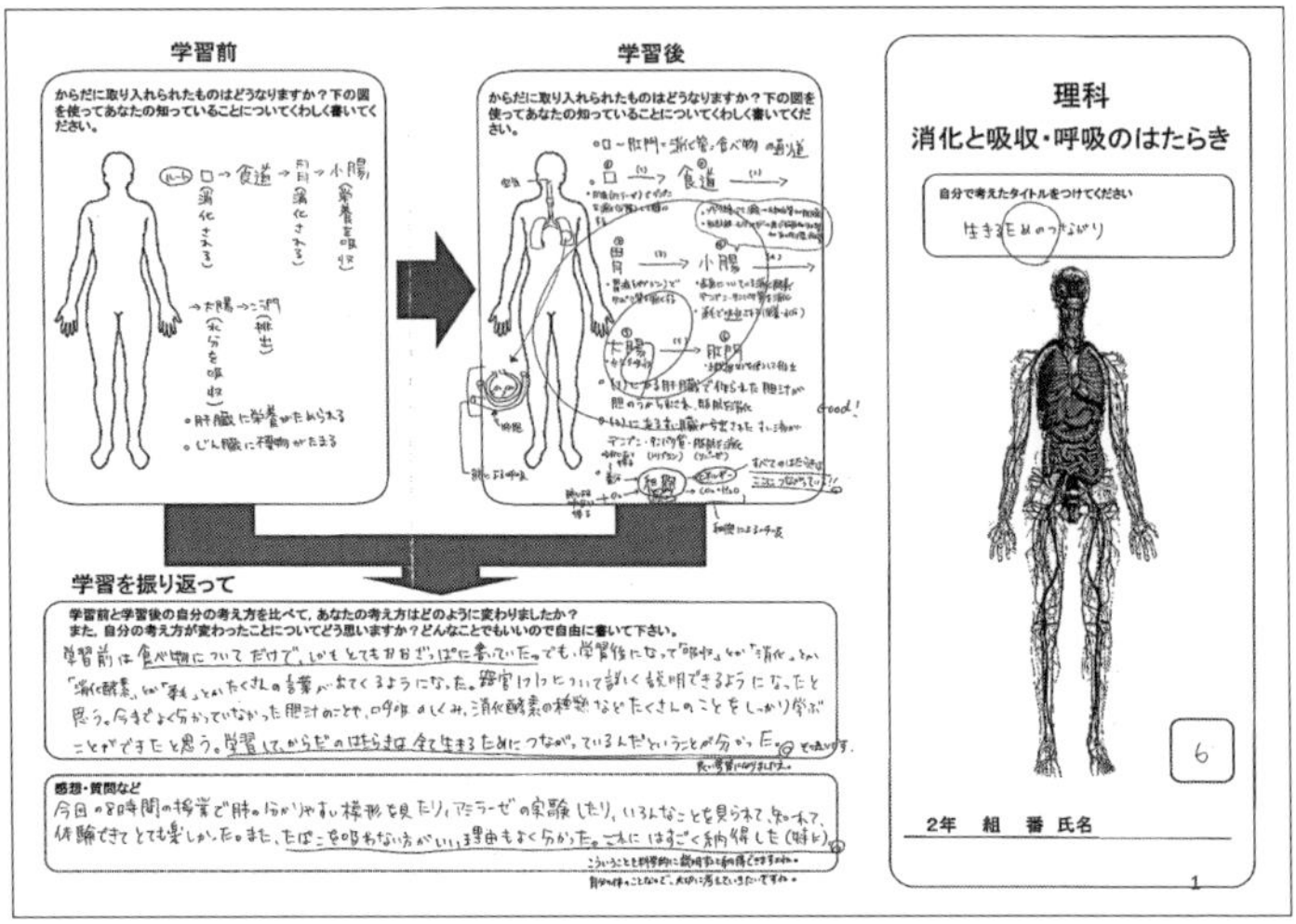

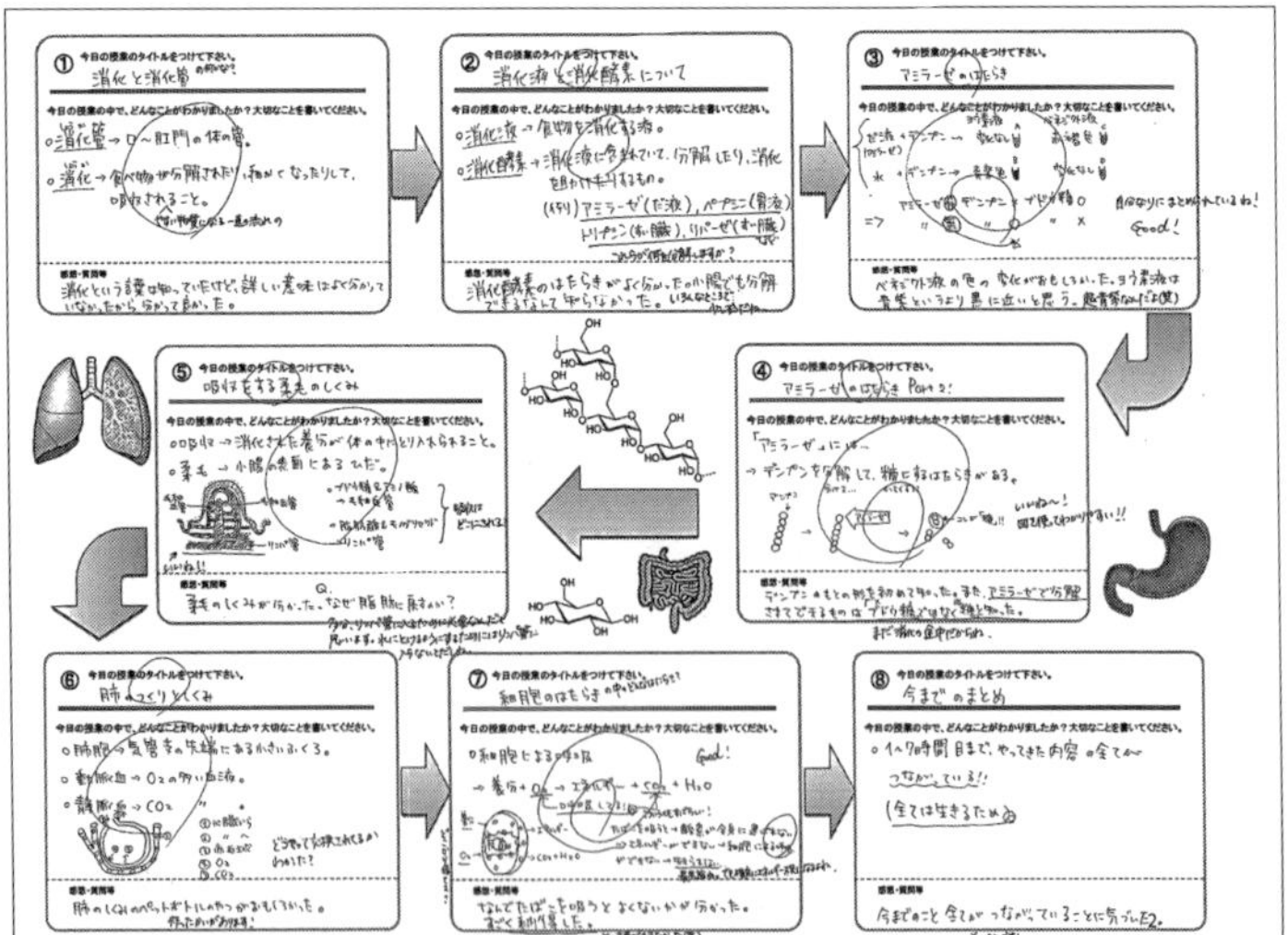

図 10-2　中学校理科の OPP シート（上：表面、下：裏面）

や働きを学習しなければならないため、どうしても個別の内容の理解に重点を置きがちです。この単元では、全体をいかに構造化していくのかが教材研究の柱になります。

次に、授業中は、生徒が書いた学習履歴に教師が意図した内容が書かれているかどうかという視点から教材研究を行います。たとえば、図10－2の裏面の①のように、実験結果からわかることが書かれておらず、何を調べるための実験であったのか理解できていないと判断した場合には、予定を変更し実験のまとめに1時間かけ、実験内容の理解を促します。

このように学習状況を適宜把握し、授業評価を行い、適切な改善を行っていくことも重要な教材研究なのです。

授業後には、学習前・後の本質的な問いに対する回答や自己評価の表現などから授業評価を行い、改善点を明確にします。今回の授業では、とくに改善点は見受けられませんでしたが、もし存在したら、次回に同じ授業を行うときの学習指導案とＯＰＰシートを作成しておきます。これが授業後の教材研究です。

3．高校国語の事例：授業形態を変えることによる学習効果の検証

高校の授業では、一般的に講義形式をとることが多いです。講義中心の授業と生徒の活動を中心にした授業では、学習の成果にどのような違いが見られるのでしょうか。一

つの単元の中で、講義中心型から生徒中心型に授業形態を切り替え、学習履歴の変化から生徒の実態を探ったのが図10－3です。学習内容は、高校1年国語総合「ネットが崩す公私の境」（全9時間）です。

この単元で、裏面の⑤（ちょうど図の真ん中の枠）の5時間目までが講義中心で、それ以降は生徒中心の授業です。詳細は省きますが、単元の途中で授業形態を変更した理由は、内容を中心にして考えたこと、一単元の中で授業形態の比較ができること、などです。

その結果、ここには一例しか示すことができませんが、生徒が外化した学習履歴に大きな相違が見られました。

第5時間目までの学習履歴は、教師の板書やノートあるいは教科書の文言を書き取っている傾向が強いです。それに対して、第6時間目以降は生徒が自分で考えてまとめた内容となっていることが読み取れます。

このように、OPPシートを用いることにより、授業形態が生徒の学習成果にどのような影響を及ぼすかというようなことの検証も行うことができるのです。これは、高校のみならず小・中学校でも同様に行えます。

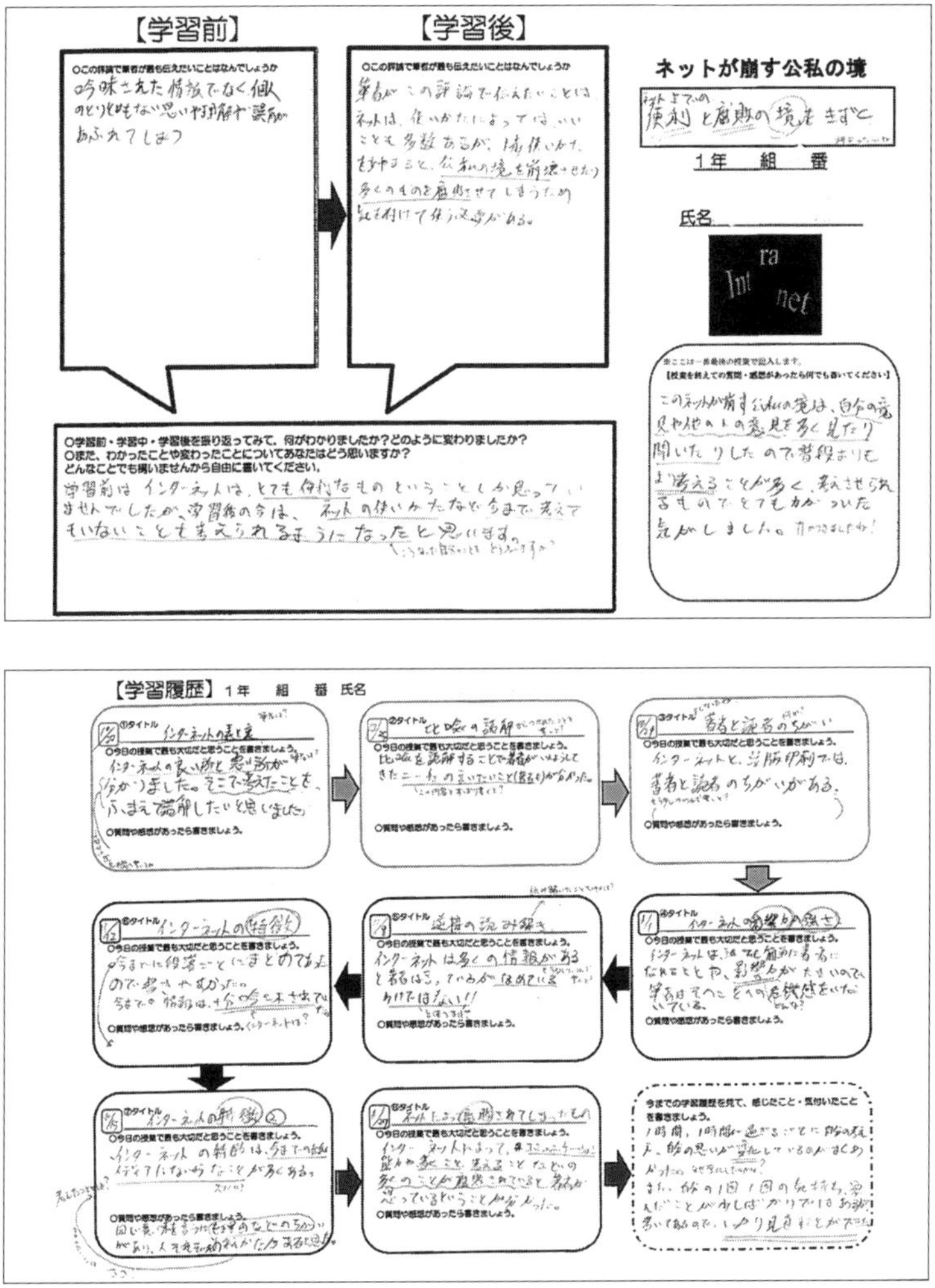

図 10-3　高校国語の OPP シート（上：表面、下：裏面）

第2節 OPPAの教科外における活用

OPPAは、教科や科目の中だけで用いられるのではありません。その基本的考え方を生かせば、教科外の授業でも活用できます。具体的な事例をあげながら、説明していきましょう。

1．総合的な学習の時間の事例

総合的な学習の時間は、学習内容があらかじめ決められていないため、評価が難しいと言えます。そこで、ポートフォリオ評価が、総合的な学習の時間の評価に取り入れられてきました。しかし、第5章第1節で指摘したように、評価対象となる情報量が多すぎるなどの問題点がありました。主にこの点を克服しようとしているのがOPPAです。

図10－4は、小学校5・6年の総合的な学習の時間「わたしたちの祇園祭を伝えよう」で使用したOPPシートです。

この単元は、全18時間を使って実施されました。そのうち、OPPシートの記録には10時間分があてられました。

「学習前・後の本質的な問い」は「今年の祇園祭で、ささら獅子舞をどのような気持

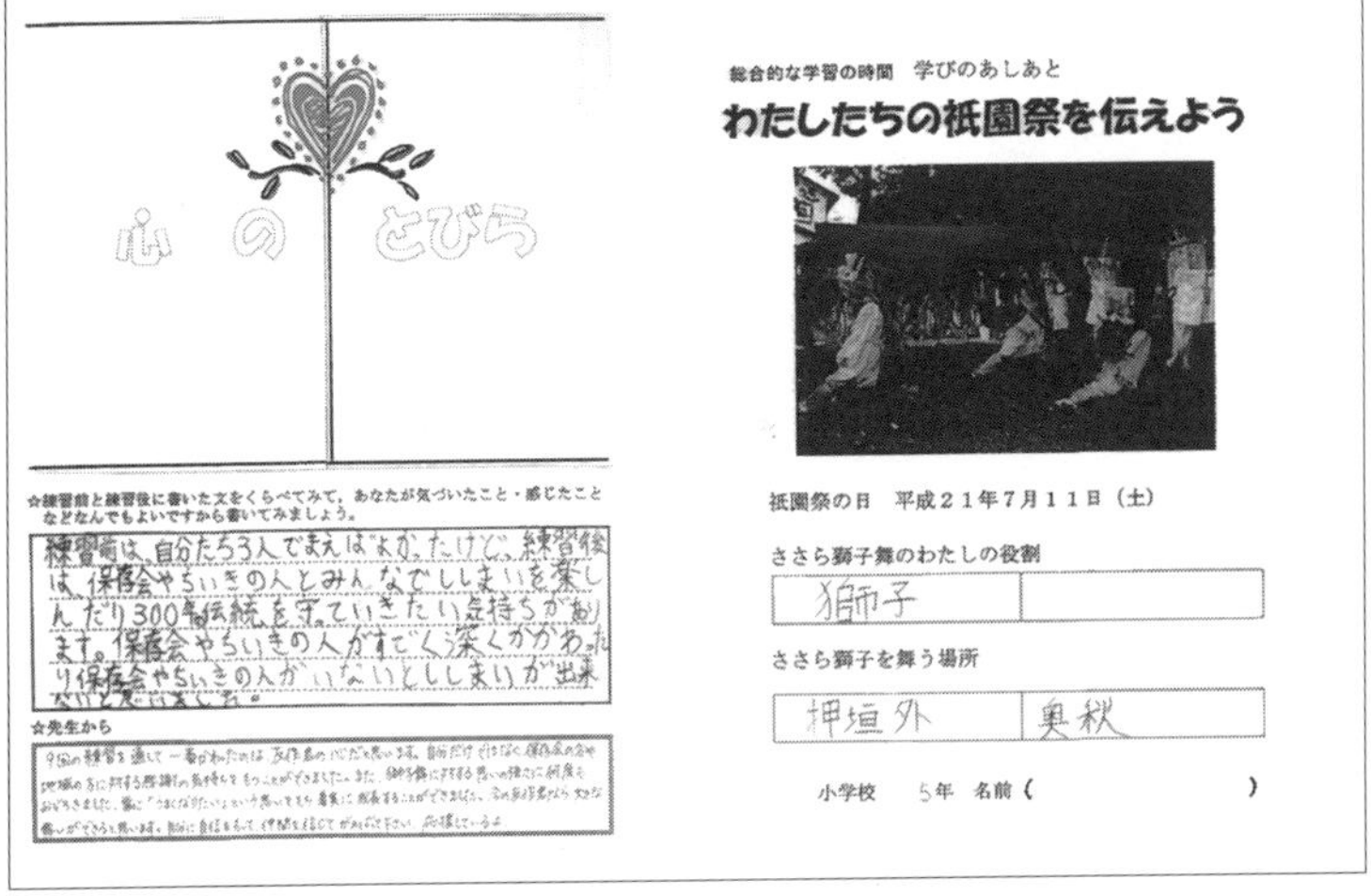

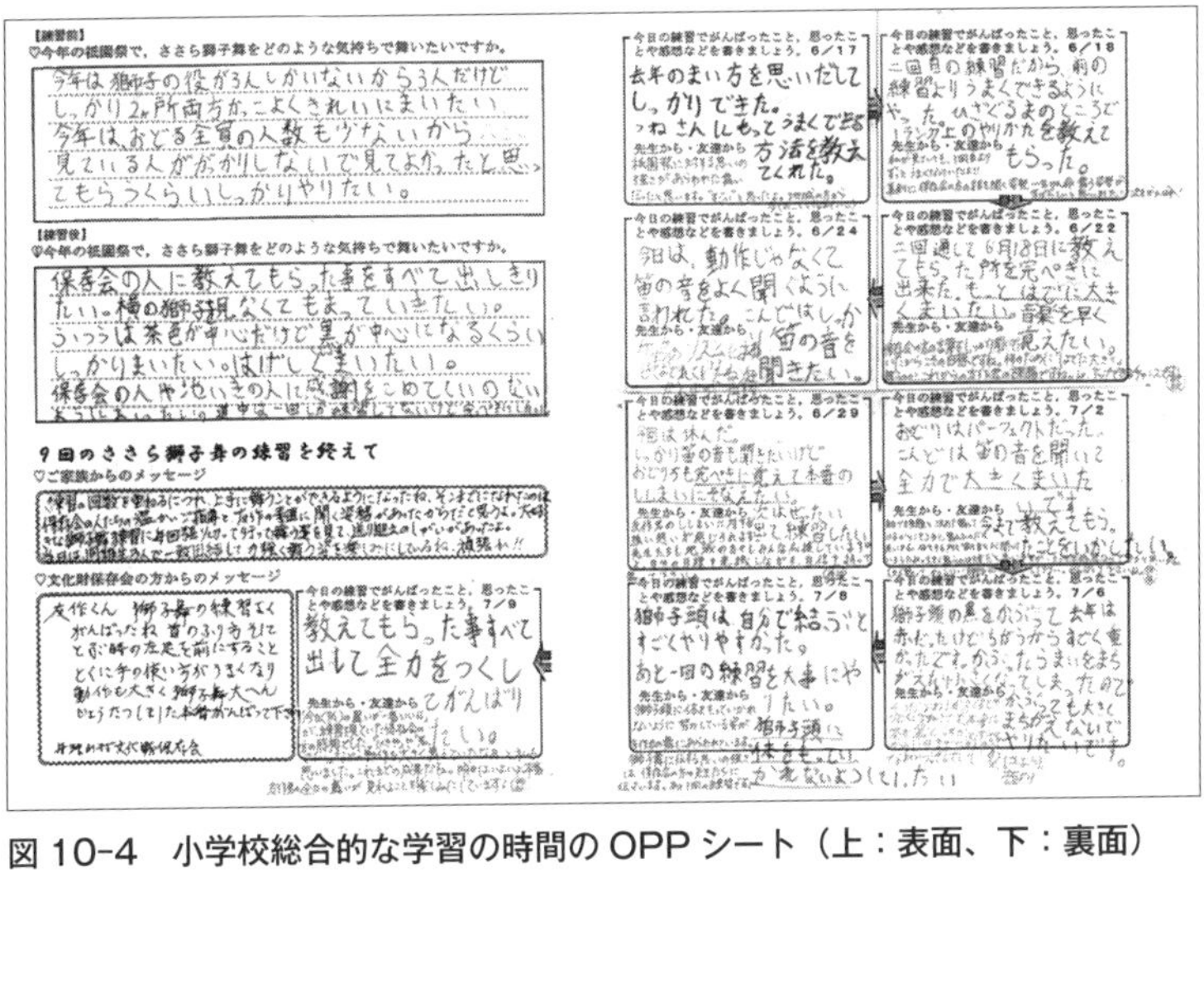

図 10-4　小学校総合的な学習の時間の OPP シート（上：表面、下：裏面）

ちで舞いたいですか」です。学習履歴には、「今日の練習でがんばったこと、思ったことや感想などを書きましょう」とあります。

また、活動全体を振り返る自己評価に加えて、先生や友達からの他者評価も取り入れています。

さらに、このシートには工夫が凝らされています。学習者が「学習前・後の本質的な問い」と「学習履歴」を書き終えて、シートを二つに折りたたみ、ハートマークのところに入っている縦線1本と横線2本をカッターで切ると、「心のとびら」が開き、学習前・後の変容が見られるようになっているのです。活動全体を振り返り、自己評価ができるようなしかけが施されているわけです。

このように、OPPシートそのものに工夫を凝らすことによって、学習者が感動を得ることさえできるのです。

2. 道徳の事例：道徳の意味を感得

「特別の教科　道徳」の実施が始まり、その評価をどう行うかが喫緊の課題となっています。平成29年告示の学習指導要領には、「児童の学習状況や道徳性に係る成長の様子を継続的に把握し、指導に生かすよう努める必要がある。ただし、数値などによる評価は行わないものとする」と記載されています。

ＯＰＰＡでは点数をつけたりランクづけをしたりしないことは、すでに述べた通りです。そのような理由からも、道徳の授業に広く取り入れられるようになってきました。ここでは、教科化される前の実践を紹介します。図10－５は、小学校４年生用に作成した道徳の振り返りシートです。

道徳の授業は、通常一時間完結で行われることが多いので、当該内容の学習前・後の問い、一時間分の学習履歴、自己評価を書かせてもよいのですが、それよりも一学期単位くらいのシートを作成したほうがよいと考えられます。図10－５は、一学期分の学習履歴を書かせるようになっています。学習前・後には、道徳は何のためにあるのかを考えさせる問いが設定され、一学期全体を振り返るシートとして構成されています。

こうすることにより、教師は、一学期を通して内容に関連性をもたせ、最終的には学習後の問いに適切に答えられるような授業を行う必要が出てきます。すなわち、教材研究を深く行う必要があるのです。学習者も、一学期を通して自分の道徳性がどのように変容したのかを見取ることが可能になってきます。一時間単位の細切れの授業よりも、明らかに道徳の意味が深く学習者に伝わるのではないでしょうか。

ここで紹介した事例は、道徳が教科化される以前の実践ですが、ＯＰＰＡを道徳に取り入れることで効果が得られることがすでに証明されています。道徳科の評価を考える上で、大きな示唆を与えていると言えるでしょう。

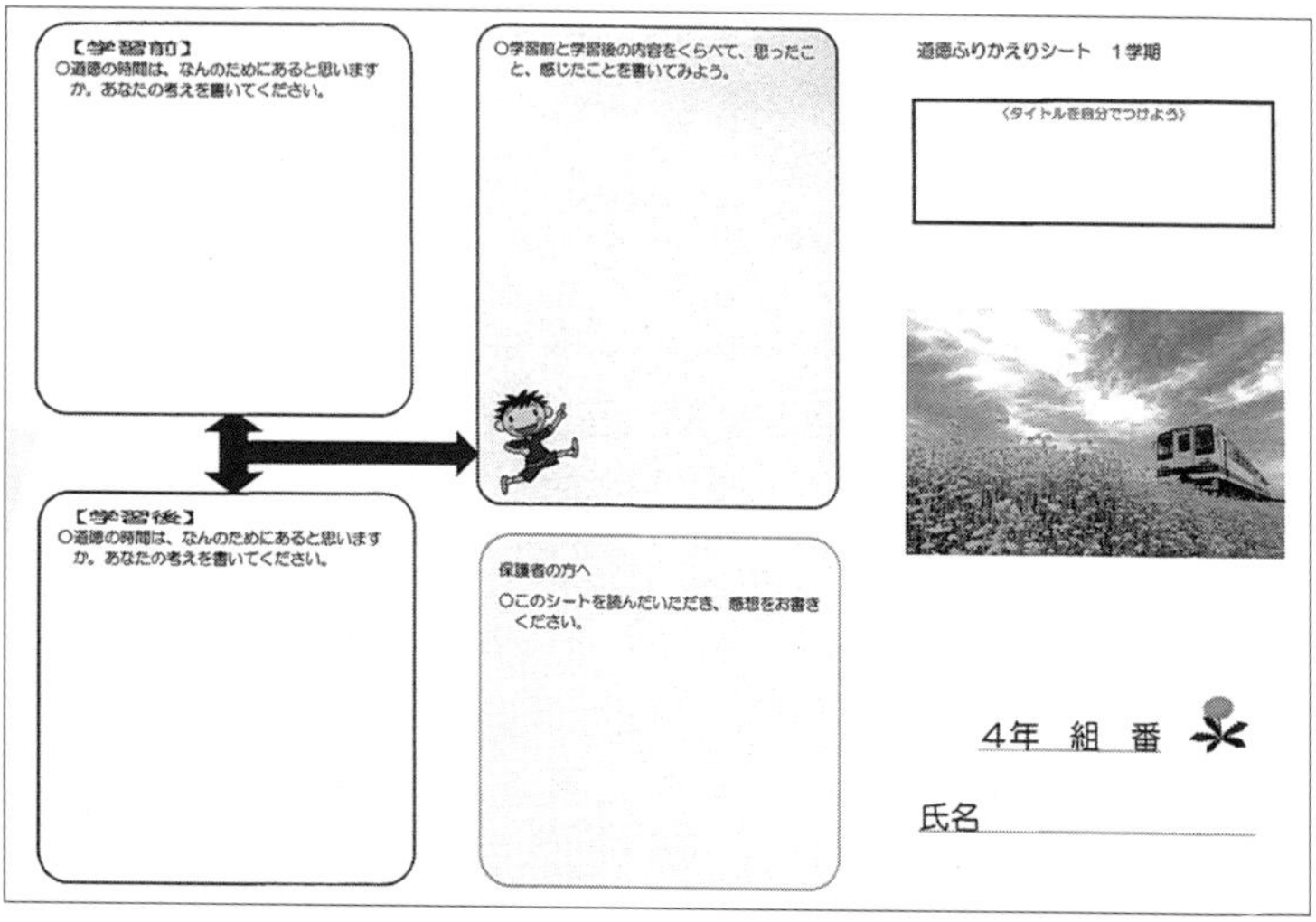

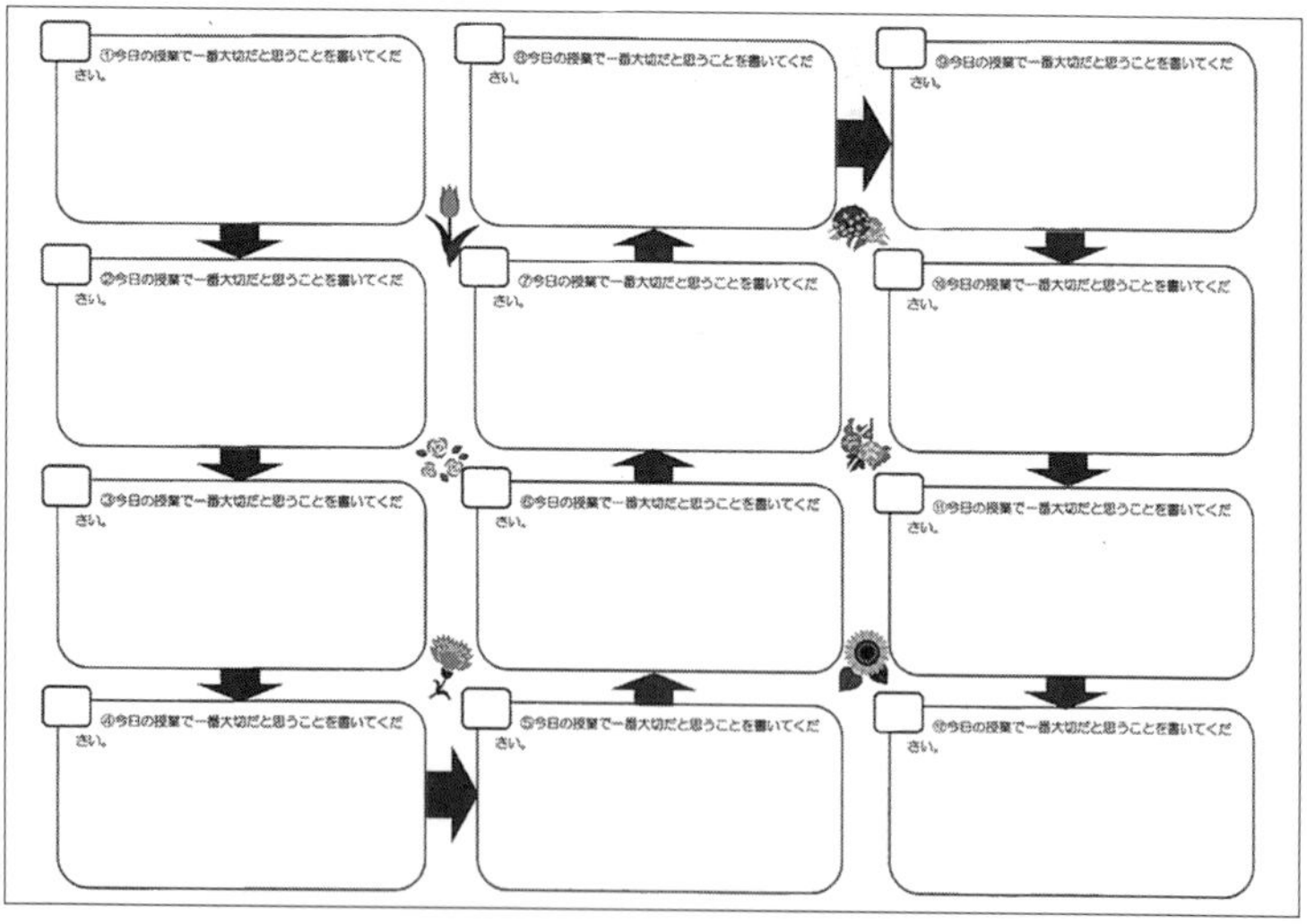

図 10-5　小学校道徳の OPP シート（上：表面、下：裏面）

3. キャリア教育の事例：学習内容の明確化と構造化

キャリア教育に関して、学習指導要領では、小・中・高において「社会的・職業的自立に向けて必要な基盤となる資質・能力」の育成が謳われています。さらに中・高では「組織的かつ計画的な進路指導」、高校では「就業体験活動の機会を積極的に設ける」としています。いずれも、将来社会人・職業人として自立するための勤労観や職業観を育成するために、時間が割かれ、学校種を問わず体系的な指導を推進することが求められています。

しかし、こうしたキャリア教育に関しても、総合的な学習の時間同様、決められた内容が存在しているわけではないので、実際の指導にあたって、どの学校でも苦慮しています。そのため、多くの場合、たとえその時間が確保されていたとしても、一回一回が細切れの講演会のようなものになりがちで、全時間を通して社会人・職業人として自立するための勤労観や職業観を育成するという目的を達成しにくいという現実があります。

そこで、高校1年「『企業見学会』を核とした1学年キャリア教育学習について」（全5時間）で使用したOPPシートを、図10－6にあげます。ここでは、事前準備として、OPPシートの学習前の問い「あなたにとって、仕事を持つということは、どういうことだと思いますか？」を投げかけます。そのような職業意識をもたせた上で、1時間目の「職業講話」、2、3時間目の「企業研究①、②」、4時間目の「企業見学会」、5時

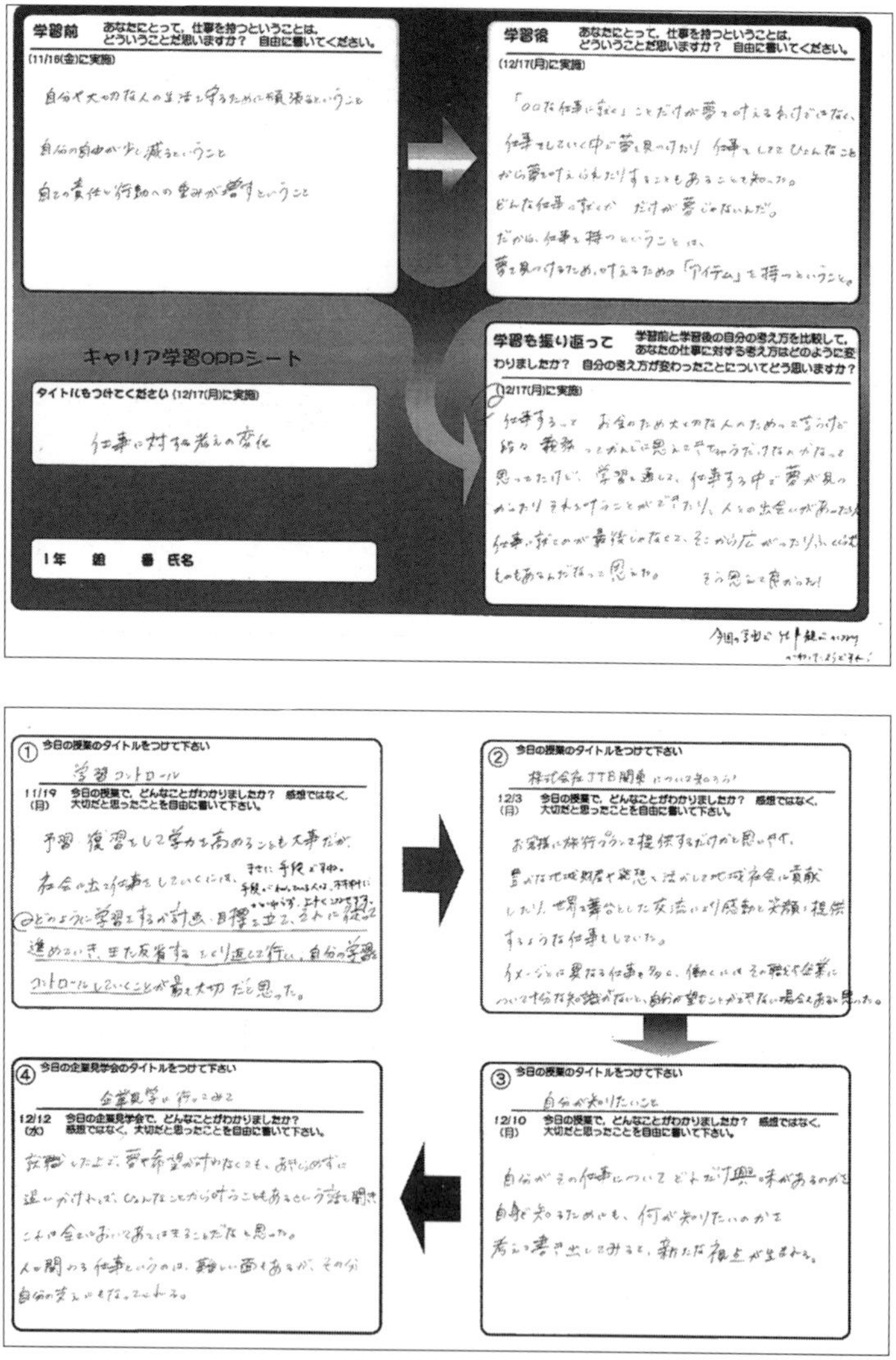

図 10-6　高校キャリア教育学習の OPP シート（上：表面、下：裏面）

間目の「企業見学会後事後学習」について、ＯＰＰシートに記入させるのです。
ＯＰＰシートの作成を通して、教師のキャリア教育観が明確になります。そのため、各時間の取り組みが構造化され、生徒に伝えたい内容を明確に伝えることができるのです。

4．運動会の事例

義務教育の学校であれば、どこでも行われている運動会は、毎年実施するのが当たり前になっているでしょう。このような自明と思われることも、学習者にとってはけっして自明のことではありません。なぜ運動会をするのか、その必然性を感じることができないために、運動会はやらされているものという意識から抜け出すことができないのです。

図10－7は、運動会の活動に取り組んだときに使用したＯＰＰシートです。小学校6年の担当種目「大玉おくり」について、「組のまとまり」、「リーダーになるために必要な力」などの六項目を設定し、「取り組み前」と「取り組み後」に、それぞれどの程度の割合か回答させています。また、学習履歴は、運動会までの練習の内容や「できたことや感想」を中心にして書くようになっています。最後に、それら全体を自己評価していいます。

図10－7を見ればわかるように、取り組む前と後では大きな変容が見られ、自己評

価も6年生としての自覚に満ちた、かつ成長を感じ取ることができる内容にまとめられています。こういう表現を見ると、運動会は何のためにあるのかという意味や必然性、さらに自己効力感を感得していることは明らかです。

運動会と言えば、終わった後に作文を書くという働きかけが見られますが、OPPシートを活用するという方法にも価値があることを示す一つの事例と言えるでしょう。

5．「朝の読書」の事例

多くの学校で「朝の読書（朝読）」が行われています。「朝読」とは、授業が始まる前に行われる読書活動のことです。たいてい10分程度の時間があ

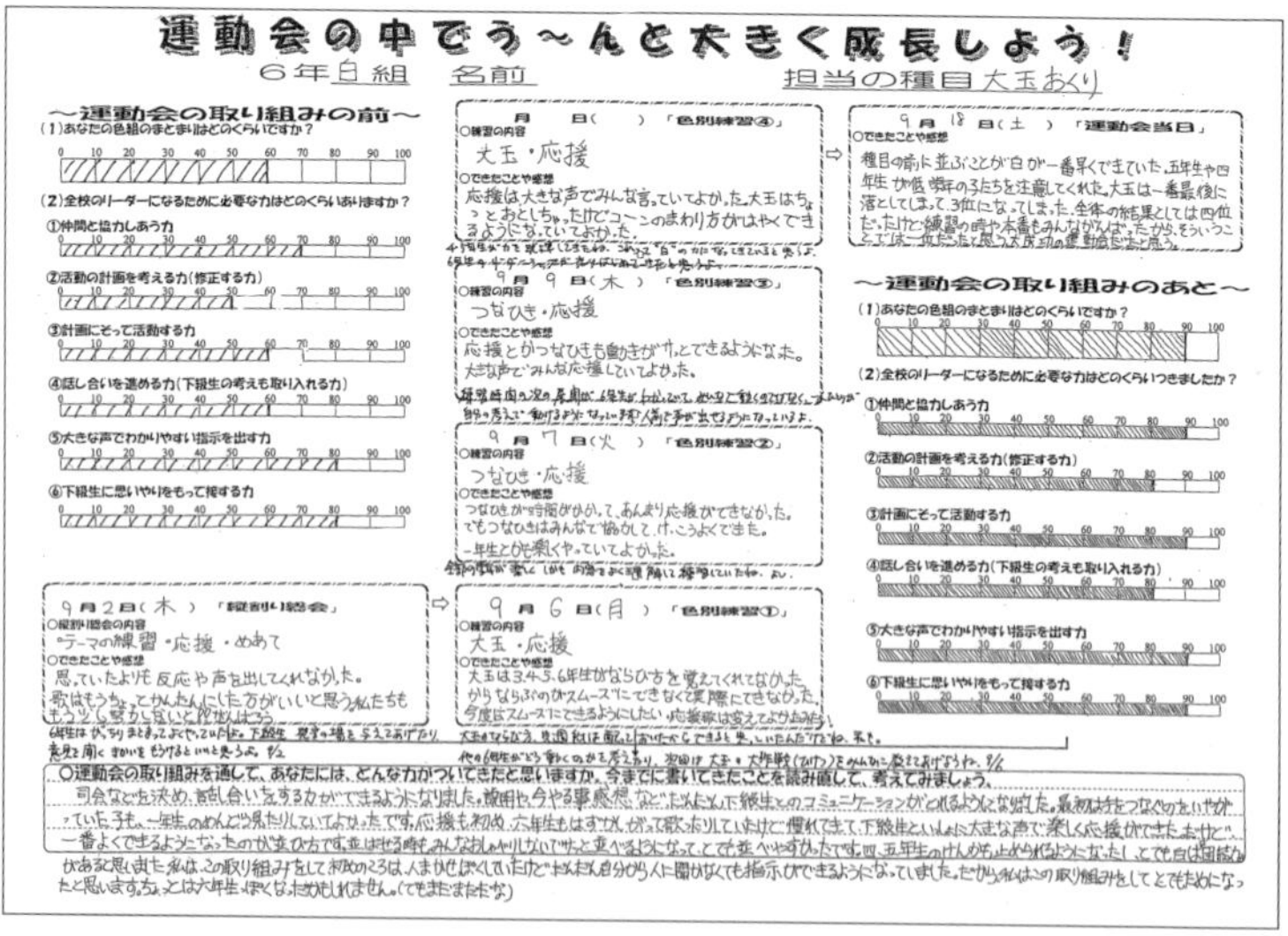

図 10-7　運動会の活動で用いたOPPシート

てられ、自分の好きな本を読みます。こうした活動は、ほとんどの場合、ただ行われていることが多いでしょう。

したがって、その活動にどのような意味があるのか、学習者が必要性を感じられないことが多いと考えられます。夏休みの宿題として読書や感想文が課せられると、かえって読書嫌いを増やすことにつながりかねないのと同様に、「朝読」も無理に感想文などを書かせると、この時間が苦痛になりかねないでしょう。

そこで考えたのが、図10－8に示したOPPシートの活用です。これは、一年間を通して一枚の用紙を用い、学期ごとに一回、学習履歴として一番印象に残った書名とその簡単な内容を書くという方法です。「朝読」では、「本質的な問い」として、「『読書』ということばを使って文を3つ作りましょう」としました。また、一年終了後、読書という言葉を使って文章を書き、全体を振り返って自己評価するようになっています。さらに、それを家に持ち帰って、保護者にコメントをもらってきます。

このようにすれば、それほど多くの時間をかけることなく、読書の意味を伝えることができると考えられます。一年間を通して「朝読」で何を行ったのか、学習者自身にもまた保護者にも伝えることができ、教師自身も「朝読」が学習者にどのように受け入れられているのかを知ることができるのです。

どんな学習活動も、目的をもって行われていますが、それが効果的な形で生かされる

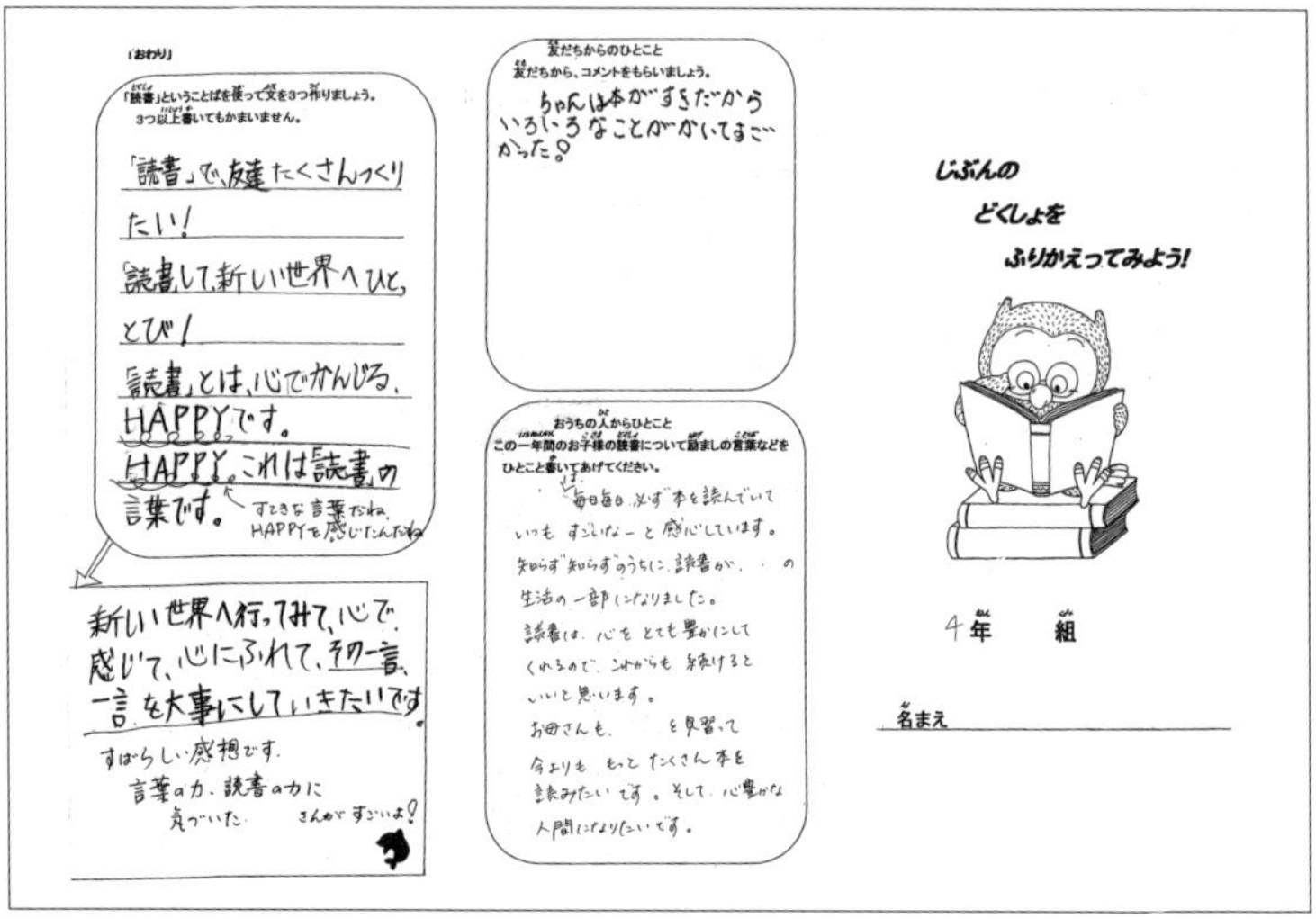

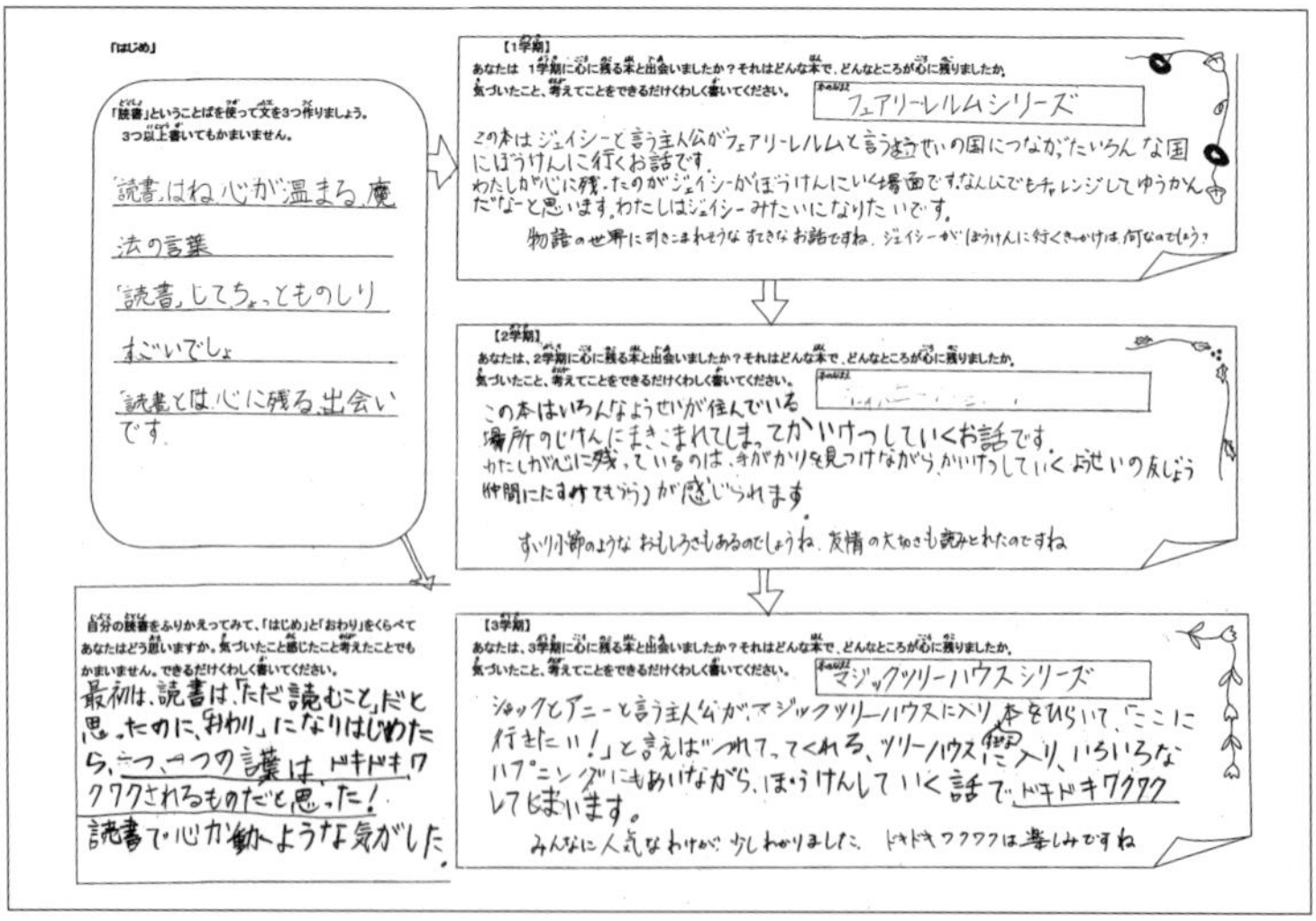

図 10-8　小学校「朝読」の OPP シート（上：表面、下：裏面）

かどうかは、教師の適切な働きかけ次第です。「朝読」なども、ＯＰＰＡの考え方を導入するかしないかで結果が大きく異なってくるでしょう。

6．自主学習ノートの事例

学習習慣の確立や学力向上の効果をねらいとして自主学習ノートに取り組んでいる学校が多くあります。自主学習ノートとは、学校で学習した内容を家で復習する際に使用するノートのことです。

自主学習ノートがその目的を達成できているかといえば、必ずしもそうではありません。その大きな理由の一つは、どんな内容でもよいから学校で学んだことを家でまとめてくるようにという指示しか出されないことが多いからです。その上、ややもすると自主学習ノートに取り組んだ時間数やノートの頁数を競ったりすることに傾きがちになります。自主学習ノートの質的変容を促す働きかけは、ほとんど行われていません。

では、自主学習ノートにＯＰＰＡの考えをどう取り入れることができるのでしょうか。以下の三点が重要であると考えられます。

①授業で一番大切だと思ったことを書くこと

家に帰ってその日の学習成果を記入するときには、一番大切だと思ったことを書くようにします。つまり、最重要点の外化を行うということですが、これは短い文章でも構いません。

②必ず教師がコメントを加えること

学習者が外化した自主学習ノートの内容に対して、教師がコメントを加えるようにします。教師のコメントの有無で、自主学習ノートに対する学習者の取り組みは全く違ってきます。このコメントは短くても差し支えありません。

③一冊のノートを書き終えたときに、その成果を自己評価できるようにすること

ノートの最初と最後のページをコピーし、一枚の用紙に貼りつけ、両者を自己評価する欄を設定します。これが自主学習ノートのＯＰＰシートになります（図10－9参照）。ノートが終了するごとに、同様に実施します。

この方法により、とりわけ効果があったのは、毎日の授業を真剣に聞くようになったという学習者からの反応でした。まさに、これこそが自主学習ノートの目的の一つであると言えるでしょう。

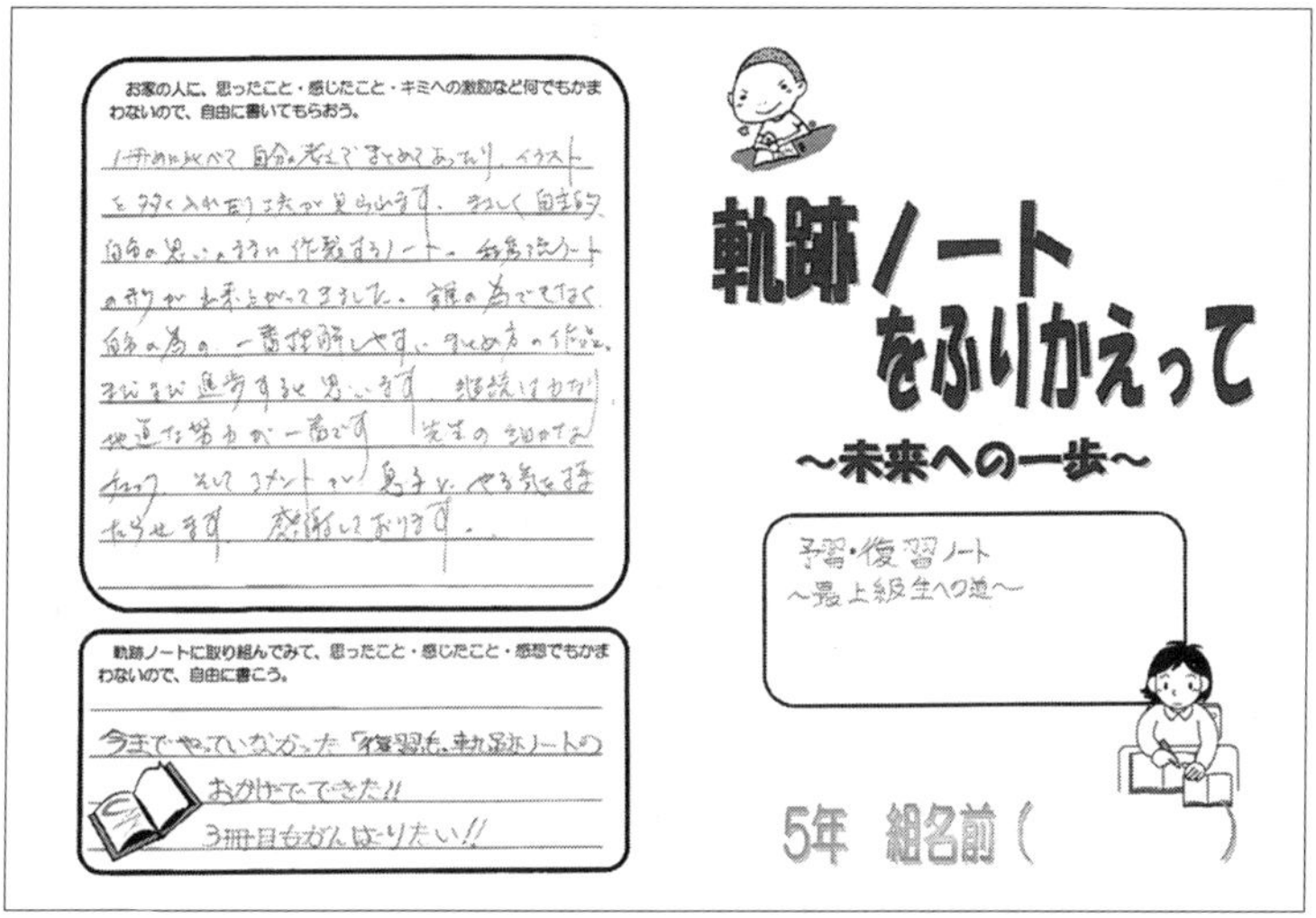

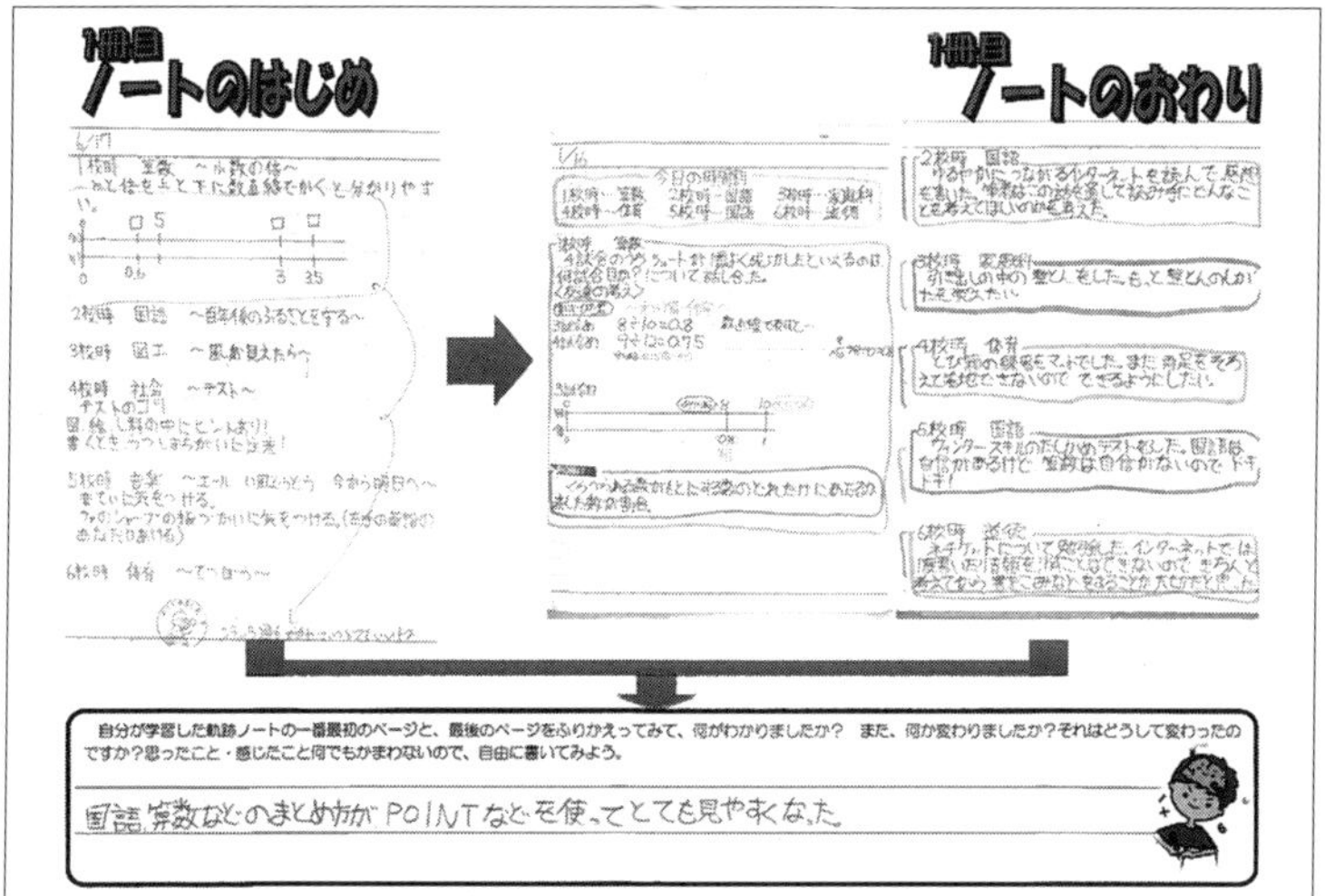

図 10-9　小学校自主学習ノートで用いた OPP シート（上：表面、下：裏面）

第3節　ＯＰＰＡの可能性

1．ＯＰＰＡの汎用性

ＯＰＰＡは、教育実践において多くの汎用性をもっています。汎用性とは、教育実践における多くの場面での活用可能性をいいます。

本章ではいくつかの事例をあげましたが、紙幅の都合上、これ以外のものについては省略せざるを得ませんでした[2)]。他にどのような実践があるかと言えば、小・中学校では全ての教科、高等学校については英語、数学などがあげられます。また教科外では、本章であげた運動会や朝読以外にも学級経営、特別活動、ＳＳＨ（Super Science High School）の活動などがあげられます。要するに、学習者が教育活動に取り組むあらゆる場面や内容で活用できるという意味で、汎用性をもっているのです。

また、ＯＰＰシートは、小・中・高のみならず、大学および大学院でも利用することができます。たとえば、山梨大学の教職大学院では、開講全科目にＯＰＰシートを作成し、授業が院生にどう受け止められているか、改善する必要があるのかないのか、適切な資質・能力を育成するための働きかけとしてのコメントは何がよいか等々を、模索しながら毎時間活用しています。その授業は、全て2、3名のT・Tで行われており、一学年14名と少人数のため、全教員が授業内容の評価と改善にOPPシートを生かしています。

これまで教育の中で行われてきた方法や道具などは、汎用性が高いものはあまりなかったように思います。学年や場面などに応じて使うものや適応できるものが違うため、このことが教育現場の忙しさを助長する一因にもなっていました。こうした課題をどう克服するかは、教育実践において極めて重要であると考えられます。

2. OPPAの専門性

OPPAは、汎用性だけではなく、専門性も併せ持っています。

専門性とは、学習や授業と関わって特定の情報を得ることができたり、特定の資質・能力を高めたりすることなどを意味しています。つまり、他の方法では不可能な特定のことが可能になるという意味です。OPPAは、主として二つの専門性をもっています。

一つめは、OPPシートを使って必要最小限の情報を収集し、それを活用して学習者の成長を育むことです。学習者の成長は、すなわち教育の本質なので、これは教育の本質に迫ることだと言えます。

二つめは、OPPシートを用いることによって、思考力・判断力・表現力やメタ認知能力などの資質・能力を育むことです。
汎用性と専門性は、通常は相容れない概念としてとらえられています。しかしながら、ＯＰＰＡは両者を併せ持つ考え方であると言えるのです。

註

1)小学校の実践については、次の文献を参照されたい。堀 哲夫編著『子どもの成長が教師に見える 一枚ポートフォリオ評価 小学校編』日本標準 2006
小学校理科の実践については、次の文献を参照されたい。堀 哲夫編著『子どもの学びを育む 一枚ポートフォリオ評価 理科』日本標準 2004

2)中学校の教科については、次の文献を参照されたい。堀 哲夫他編著『子どもの成長が教師に見える一枚ポートフォリオ評価：中学校編』日本標準 2006

終　章

OPPAによる
教育効果の検討

この章では、主として学習者が書いた内容をもとにして、ＯＰＰＡの教育効果について検討します。これまで、教育効果の検討にはいろいろな方法がとられてきました。本書では、できる限り学習者の生の声を中心にしてまとめていきたいと思います。具体的には、ＯＰＰシートの学習履歴や自己評価欄、あるいは感想欄に記入された内容などです。

ところで、ＯＰＰシートの中で用いられる学習履歴という言葉は、筆者の知る限り、これまで教育には用いられてきませんでした。しかし、学習の過程や変容を明確にし、学ぶ意味や必然性、自己効力感を考えるとき、この言葉を用いるか用いないかは別にして、学びの過程や足跡などは避けて通れないと考えられます。

きわめて広い意味で言えば、教育実践において活用されてきたいわゆる通常のノートも学習履歴の一つです。こうしたノートは、授業実践において日常的に使用されています。

そこでまず、ＯＰＰＡの教育効果の検討に入る前に、ノートを初めとした学習履歴の重要性が、これまでどのように検討されてきたのか、東井義雄、大村はま、上田薫の著作をもとにして整理しておきたいと思います。

第1節　学習履歴の重要性が指摘されてきた歴史

東井義雄［1912（明治45）年～1991（平成3）年］は、生涯を小学校教師として過ごしました。東井の考え方の基本は、本書の第2章で検討した構成主義の考え方に基づく教育観にあります。東井が現職の頃には構成主義という言葉は存在していませんが、その根底には、構成主義の考え方につながっているものが多いと考えられます[1]。

東井は、「学習帳」の役割について、さまざまな角度から検討しました。

1．東井義雄の「学習帳」

ここで言う「学習帳」とは、いわゆるノートのことです。「学習帳」は、OPPシートの「学習履歴」に相当しています。東井義雄は「学習帳」の機能を次の四つに分けています。

一つは「練習的機能」、二つめは「備忘的機能」、三つめは「整理保存の機能」、四つめは「探求的機能」です[2]。

「練習的機能」とは、「書取り練習や、計算練習」などに使われている機能です。東井は、こうした機能を否定しているのではなく、むしろこれだけにとどまっていることをもったいないと言っています。

「備忘的機能」とは、「板書の写し」や「参考書で調べたことを、忘れないように、ノートに書きつけておいたり、先生のことばや、級友の発言の要点をメモしておく」ことなどがあげられています。さらに、この機能がもっと発揮される必要があると指摘しています。

「整理保存の機能」は、以下のように説明されています。「書くということは、自分の感じや思い、考えや行動を大じにするはたらきをもっている。ほっておけば消えていくものに、形を与え、消えてしまわないようにいたわってやる働きをもっている。しかも、自分の内面の、感じや、思い、考えは、形のないもやもやしたものであるから、それに文章という形を与えようとすれば、そのもやもやしたものを整理しなければならない。だから、自分の思いや考えを文に書くということの中には、雑然としたものを整理した上で保存するという『整理ダンス』のような機能があるわけだ。」

また、「探求的機能」については以下のように説明されています。「書くというはたらきは、考えるはたらきをしてくれる。書きながら考え、考えながら書く、そして書いているうちに、それに伴って、自分の考えがはっきりしていき、育っていく」。

また、「学習帳」は学習者の「自己反省、自己検討の資料」としても重要であると言います[3)]。これは、今で言うところの「自己評価」に他なりません。まだ自己評価という概念が明確でないときに、学習者の潜在的能力に着目するのは卓越した知見と言えるでしょう。

このように、東井は、ただ学習者にノートをとらせたのではなく、学習の目的によって、ノートの機能が十分に発揮されるように配慮したのです。これは、学習の効果を最大限に上げることを意図したからでもあります。また、東井の生きた時代は、戦後の物資が不足していた背景もあり、ノートは貴重品であったことも考えると、その効果的活用ということにいっそう知恵を絞ったと考えられます。

東井は、さらに「学習帳」の意味について次のように述べています。

「私たちは、子どもを、充分知っているつもりでも、案外知らないものである。学力をつけるには、子どもの学力の現段階はもちろん、子どもの学習傾向の中の、よい点も悪い点も、充分知ってかかることが必要である。ところが、学習帳を見ていると、それが、具体的に、生のままではっきりわかるのである。子どもの学習の『生体解剖』をしているようなものである。これを見ておれば『診察』に狂うことがない。治療のためにも、的確な計画がたて得る。学習帳は、子どもたちにとっても、教師にとっても、このようによいものなのである。[4]」

つまり、「学習帳」を診断的・形成的・総括的評価の情報源とすること、また学力をつけるために、学習者と教師双方が活用していくことを意図しているのです。こうした考え方は、ＯＰＰＡの学力観、学習観および授業観、評価観に相通じるものがあります。

２．大村はまの「学習記録」

大村はま［１９０６（明治39）年〜２００５（平成17）年］は、単元学習法という授業方式を生み出しました。また、中学校国語科における実践の中で、「学習記録」を重視しました。大村は、この「学習記録」を作成するにあたって、「自由になん回でも紙の出し入れのできるとじ込み式のもの」というルーズリーフ形式のノートを活用しています[5)]。

この中には、「学習の跡、学習の実際」である学習予定表、学習日記、反省表、学習の成果であるいろいろな作品、指導者からの助言、自分の感想、調べたこと、書きぬき、面接に行ったときの記録、教師や友達からの批評、評価票、メモ、カード、箇条書き、言葉の意味、疑問等々、学習によって得たあらゆる情報が含まれています。「学習の跡」は、ＯＰＰシートの「学習履歴」に相当すると考えられます。

とにかくいろいろな情報を学習記録として蓄積させたのですが、あとで情報の分類が可能なようにルーズリーフの形式のノートを用いたのです。したがって、こうしたノートを作成させる大村の頭の中には、その作成前からいつどんな情報をどうやって集めるか、またそれらを活用するためにどう構成するか等々がイメージされていたと考えられます。

具体的に言えば、単元の学習の終了時には蓄積した情報の目次づくりを行い、学習成果を構造的に把握させるようにしていました。教師として大変な力量をもっていたと考えられます。

この方法は、今で言うポートフォリオ評価にあたると考えられます。ポートフォリオ評価という考え方がまだ一般的でない時代に、すでにその優れた効果にいち早く着目し、自らの実践に取り入れて、学習者の資質・能力を育成しようとした点は高く評価されるべきです。

私たちは、ポートフォリオ評価というと外国から導入されたものであるという認識を抱いていますが、日本にもすでにその考え方と方法を実践していた教師がいたことを忘れてはいけません。「ポートフォリオ」という言葉そのものは外国語ですが、重要なのは言葉ではなく考え方や方法です。とかく、外国の研究にしか価値を見いださない傾向が強い教育界の風潮を反省すべきだと思います。

3. 上田薫のカルテと座席表

右にあげた二つの方法は、いわば学習者が記録するノートを中心にしていました。他方、教師が学習者の実態を明確にするためにカルテとして記録する方法もあります。この方法は、教育学者の上田薫が1967（昭和42）年に、静岡市立安東小学校の教育実践を指導する際に提唱したものです[6)]。

医者が患者を診察し、患者の病状、処置、経過などをカルテに記録するように、教師が学習者に関する学習の情報を書き入れ、その実態を理解するための記録簿を用いるという方法です。また、授業を実施する際には、カルテを一人ひとりの座席表にあてはめて授業計画を立て、指導に生かしていきました。

カルテへの記録を通して学習者への理解を深め、授業ではそれを座席表にあてはめながら変容をとらえて指導に生かしていくという視点は、指導と評価を一体化していく上で、今日においても重要な意味をもっています。カルテと座席表は、評価が指導の終着点ではなく、指導の前・中・後を重視する、いわゆる診断的・形成的・総括的評価の考え方の先駆と見なすことができます。

しかしながら、カルテと座席表には以下のような問題点もあると考えられます。

一つめは、カルテと座席表を活用するには教師に柔軟性が求められるということです。たとえ教師にとって不都合なことであっても、カルテと座席表に現れていることを率直に認め、授業改善に生かす視点が重要になってきます。

二つめは、カルテと座席表は、一人の教師が授業を行いながら活用するのが難しいことです。やはり、この考え方や方法を適切に生かすには、多くの教師の手を借りることが必要でしょう。

三つめは、カルテと座席表は教師の視点が重視されがちですが、本書の中で繰り返し述べてきたように、学習者と教師の双方向性をどうするかという問題があることです。それは、カルテと座席表から見取った学習者の実態に対して、教師が何をどう働きかけ、学習者がいかに変容したのかを、さらにカルテと座席表からどう見取るかということです。

以上のような先人の優れた方法を検討してみると、教育目標を達成するためには、学習や授業において学習者と教師がそれぞれ自らの実態を把握し、両者の双方向性をもった働きかけを行い、それをどう確認して次の学習や授業に生かしていくかということの重要性が明らかになってくるでしょう。

第2節 学習者から見たOPPAの有効性

ところで、OPPAの有効性はどのような点にあるのでしょうか。この点については、学習者がOPPシートを利用した感想などを中心に、以下九点にまとめてみました。なお、ここにあげられている内容は、いずれもOPPシートを使用した学習者が学習後に書いたものです。

以下にあげた学習者の書いた感想の中に出てくる「学習のあゆみ」「自己評価カード」「履歴表」「学習のあしあと」「評価カード」などは、いずれもOPPシートのことをさしています。それを活用した教師がシートをどのように呼んでいたかによって表現が異なっています。

1. 評価のもつ本質的価値を感じ取ることができる

まず何をおいても強調しておきたいのは、OPPAは学習者に評価のもつ本質的価値を伝えられるということです。ここでいう本質的な価値とは、学習者自身が評価に関わることによって、自分自身の成長や学ぶ意味、必然性、自己効力感を感得できるということに他なりません。

次の記述からは、学習者に評価の本質的価値が伝わっていると感じられるでしょう。

「自分が成長するかぎは自分が一番知っている。」（中1女子）

この表現は、自分の変容を通して成長を知り、勉強することの重要性をとらえたものと考えることができます。筆者はこれをみたときに大きな衝撃を受けました。なぜならば、とても中学生が表現した文章とは考えられなかったからです。さらに、この生徒は普段当該科目（この場合は理科）の試験の成績があまりよくないことを聞いたからでもありました。

この文章との出会いによって、学習者は思いもかけない優れた可能性を秘めた存在であることに気づかされ、ＯＰＰシートの研究にさらにのめり込むきっかけになったことも、付け加えておきたいと思います。

学習後にこのような表現が自然と出てくるようにするには、学習による変容と成長が具体的内容を通して可視的に感得できることが重要であると考えられます。

「あの学習のあゆみは、つかいやすく、先生が赤で字をかいてくれて、ひらく時も、とってもゆめがありました。」（小３男子）

ＯＰＰシートに書かれた学習履歴に対して、教師は内化や内省を促すコメントを書いて返却します。シートが返却されるとき、先生は自分の書いた内容をきちんと読んでくれたのだろうか、中に何が書いてあるのだろうかなどと、学習者は期待を膨らませてシートを見ます。自分の学習成果に対して「ゆめ」をみることができるのは、評価がもつ重要な役割の一つと言えるでしょう。これまで、このような評価の視点が忘れ去られていたのではないでしょうか。このような学習者の記述は、ＯＰＰＡに取り組んでいる者に、明るく晴れやかな気持ちをもたらす一つの衝撃でした。また、評価のもつ価値の重要性を垣間見た瞬間とも言えます。

2．自己の変容に気づくことができる

ＯＰＰシートを使うことにより、学習者に自己の変容を気づかせることができます。このことについては前項でも指摘しました。ＯＰＰシートにポートフォリオおよびパフォーマンス評価の考えを導入することの一つの意味は、自己の変容を認識させることにあります。たとえば、次の事例はその典型と言えるでしょう。

「学習前↓１回目↓２回目↓３回目↓４回目↓学習後とだんだん書くことが多くなってよく理解してきたのが自分でわかる。学習のあゆみはあってよかったです。書くことがふえてきてるのがよくわかってちょっとうれしい。たった４時間で（４時間ですよね）こんなにも理解できてるってすごいですよね。」（中１女子）

学習の経過につれて、ＯＰＰシートの学習履歴が量、質ともに変容していくことに自らが気づき、それに驚きや喜びを感じていることが表現されています。こうした気持ちを評価によって引き出していくことができるならば、学ぶ意欲に必ずやつながっていく

でしょう。

3. 一番大切なことは何かを常に問い続けるようになる

ＯＰＰシートを用いて「授業の一番大切なこと」を書かせるという働きかけを絶えず行っていると、学習者が授業を聞く態度が変わってきます。どのように変わってくるのかと言えば、今日の「授業の一番大切なこと」は何だろうかということを、常に考えながら授業を聞くようになるのです。つまり、授業を受ける望ましい態度の形成につながると言えます。次の記述には、その一端が示されています。

「大切なことを書くのは、自分がどれだけ授業を聞いているかが、その紙を見れば、すぐにわかるからいいと思う。あと私もどれだけわかっているかもわかるし、すごく便利になったと思います。自己評価カードがなかった時は、自分でも大切な事など、考えてなくて、ただ問題をといておわりだったけど、自己評価カードを書くようになってからは授業でならった大切な事がわかるようになりました。………私は自己評価カードをかいてから授業の大切な事がたくさんわかりました。私は、自己評価カードがあってよかったと思いました。」（中２女子）

授業の中で何が大切なのかを把握する力は、それを絶えず問い続けることなくして、自動的に獲得されることはほとんどありません。自分で考えてまとめる、その適切性を教師が判断し、的確な働きかけを行うことによって重要な資質・能力が育ってくるのです。

4．学習目標をもつことができる

すでに第5章第3節で述べたように、学習の自己評価を行うためには学習者が学習目標をもたなければなりません。しかし、新しく学習する内容に対してはじめから目標をもっていることはあり得ません。そこで、学習目標をもたせる方法の一つとしてOPPシートの活用があります。次の記述の「つぎの時間に学ぶことが分かってきます」という表現は、学習目標をもっていることを示していると言えます。

「私は、自己評価があって良かったと思います。理由は、その時間に学んだことを、残しておくことで、つぎの時間に学ぶことが分かってきます。私自身の成長のために自己評価は、とても大切であり、自己評価カードがあったから今の私があると思います。大げさかと思われるかもしれませんが、得意不得意や、その学習についての考えを残しておくことによって、復習すべきところなどが分かります。これからも、時間をかけて、集中して書きたいと思います。２学期の学習も自己評価カードで、しっかり取り組みたいと思います。最後に、自己評価カードを考え、提案してくださった先生方ありがとうございました。これからの成長のために役だてていきたいと思います。」（中２女子）

このように、学習履歴は学習者に学習目標をもたせる重要な働きかけをしていると言えます。この生徒は、学習の進展につれて学習目標をもつことができ、それが適切な自己評価につながっていると考えられます。その上で、ＯＰＰシートがもつ構造的な重要性に気づき、それを作成してくれた教師に感謝の意までをも表しているのです。

5．学習の意味を感じ取ることができる

学習履歴を書くことに対する感想を求めると、大変多くの学習者が使っている言葉の一つに「成長」があります。「成長」という言葉を使っているのは、自分自身がより高い段階に進んだことを自覚しているからに他なりません。つまり、端的に言えば、学ぶことの意味を感じ取っているということです。

「私は履歴表が大好きです。自分を見直すきっかけや、いままでの成長などが一日でわかりました。書いていて苦にならずむしろ楽しかった。具体的に良かった点は①なん

か気晴らしになる。②今勉強したことの確認ができる。③あとで見返して楽しい（最初は何もわからなくてチンプンカンプンだったけど最後には知識がついて、成長したことが実感できる）。④脳を使うことができる（何を書こうかとか、今日何を学んだのか、どう思ったかなあなどを思い出したり考えたりする。）」（高3女子）

高校生にもなると、学習内容は高度化し、一時間の中で扱われる分量も多くなります。したがって、それをこなすのに精一杯で、学習したことが他との関連においてもつ価値や重要さに気づく、つまり学ぶ意味を感得することなどは不可能に近いでしょう。しかし、「あとで見返して楽しい」という記述からは、自分なりによくまとめ上げた、つまり自分の中にある既有の知識や考えに結びつけて構成することができたと考えていることがわかります。それを、「脳を使うことができる」というように表現しているのです。

6. 教科・科目の本質を理解することができる

次の記述は、前項の「学習の意味を感じ取ることができる」の中に含めてもよいのですが、より深いところにまでたどり着いたと考えられるので、あえて別項としました。高校生物で「遺伝子とその働き」を学んだ後、ＯＰＰシートの最後の欄である「感想・

質問」に書かれていた内容です。

「僕は工学に興味があって、よく皆の言うマニア雑誌を手にするのだが、人のつくったものはとても作りが簡潔で不要なものは皆無に近いと思う。でもDNAとタンパク質の関係にもあそびがあるし、生物の移動にもあそびがある。そこの違いがおもしろいと思う。工業品は材質から形まで他者から意味をもたされているので自ら変化しようとしないけど、生物は自ら生きる為に進化している。しかもそれはとても多くの過程を経ている。そう思うと生物はロマンチックだしおもしろい。」

（高2男子）

この生徒は、学習前の「『遺伝子（DNA）』について、あなたの知っていることを自由に書いてください」という本質的な問いには、「デオキシリボ核酸」、「形状を後世に伝える」などの日常的な表現で示していたのに対し、学習後には生物の設計図としての役割や意味についてまで言及しています。さらに、自分が興味をもっている工学と生物学を比較し、生物学の独自性にまで考えが及んでいるのです。

このような表現は、教師が生物学の本質を意識した授業を行ったから引き出されたとも考えられますが、それだけではありません。OPPシートを使って教師の働きかけを確認し、考え判断し、表現することによって、生物学の本質に気づくことができたのです。また、たとえこのような生徒がいたとしても、シートを使わなければ、生徒と教師の双方がこのような内容に気づくことは難しいと言えるでしょう。

7. 学習の必然性を感じ取ることができる

教師が授業において苦労することの一つに、学習者に学ぶ必然性をどう伝え感得させるかという問題があります。教科書の内容をなぜ学ぶ必要があるのかという問いに対して、明確に答えることはとても難しいのです。

しかし、OPPシートを使っていると、学習の必然性に気づいていることを示す表現に出くわすことがあります。次の記述は、音楽の授業で使用したOPPシートに書かれていたものです。

「歌を歌うのにこんなに工夫して歌わないときれいな音のハーモニーがだせないなんて思ってもみなかった。この3つ（注：リズム、ハーモニー、語感）を意識して歌うのと歌わないのとではぜんぜん曲の雰囲気がちがっていた。」（中2女子）

日常生活の中でも、いろいろなとらえ方で音楽を聴いているものですが、工夫して歌うことの必要性を感じることはあまりないでしょう。しかし、授業を通して、それを意識しながら音を出すのとそうでない場合とでは歴然とした違いがあることを、この生徒は実感したのです。

もちろん、それを可能にしたのは、教師の優れた授業です。しかし、それに加えて、学習履歴として「授業の一番大切なこと」を書かせ、学習前・後において何がどう変わったのかを意識化させたことが大きく関わっていると言えるでしょう。

このことから明らかなように、学習によって多くのことを学んだり、気づいたり、感じたりしたときに、学習者自身にそれを積極的に意識化させ、表現させる活動がきわめて重要になってきます。絶えずその働きかけを行っていくことが求められているのです。

8. 自己効力感をもつことができる

序章でも述べたように、内外における多くの学力調査の結果から、わが国の学習者の学ぶ意欲の欠如が問題視されています。この問題は、かなり以前から指摘されてきていますが、小学校よりも受験が眼前に迫ってくる中学校のほうがより深刻さを増していると言えるでしょう。

こうした状況の中で、学習者に学習の手応えとも言うべき自己効力感を感得させることがきわめて重要になってきます。ＯＰＰシートは、学習者に自己効力感を感得させることが可能です。たとえば、次のような記述があります。

「とてもやり遂げた感じがします。」（中2男子）

「自己評価カードを初めて見た時、小学校ではこのようなこと全然しなかったなあと思いました。でも実際使ってみるとすごく便利なものでした。それはどうしてかというと勉強する前と後で、勉強がどれだけわかったかということがわかるからです。」（中1男子）

授業をした教師が見たら、うれしくなるに違いありません。どのような授業であっても、またたとえ一時間であっても、全ての学習者に何らかの学習による変容が生じます。それを、具体的内容としていかに可視化するかということが重要でしょう。学習の成果が学習者の目に見えるようになっていなければ、何も起こらなかったと同じだからです。もう一つ大事なことは、たとえ一枚の用紙であっても、自分で考え、判断し、表現した結果が一つの作品として完成するということです。先生がまとめた結果を写してでき上がったのではありません。まさしく、自分自身の力で作り上げたものなのです。

同じ授業を行っても、こうした活動が組み込まれているかどうかは、自己効力感の感得に大きな影響を与えるでしょう。

9．資質・能力を身につけることができる

ＯＰＰシートは、もともと学習者の資質・能力を育てることを目的としています。「授業の一番大切なこと」を表現することは、学習の要点を押さえる力をつけるためであり、学習前・後の変容を自己評価させるのは、自己を適切に見取り、学習の方向性を判断するとともに価値づけを行うというメタ認知の能力を育成するためです。

「わたしは、この『学習のあしあと』が大好きです。これがあったので、私は授業を集中して聞くことが出来るようになりました。一番大切なところはどこかを聞き、その日の授業をまとめることも得意になりました。一目で見て、その冊子が見やすいこともいいと思います。」（小６女子）

学習履歴において最重要点をまとめるために「授業を集中して聞くことが出来るようになり」、「まとめることも得意にな」ったと書かれています。何よりも思考する力、判断する力、表現する力が鍛えられていくことに、学習者自身が気づいていると考えられます。

「勉強していって最後に同じ問題をしてみて、最初にはできなかったことが最後できたことがよくわかるところがいい。評価カードを見ただけで大事なことがすぐわかる。」（中2男子）

この記述でも、単元を貫く本質的な問いに対して、学習前は間違えても学習後にできるようになるということに気づいています。それは、力がついているからに相違ないと考えていると言えるでしょう。ＯＰＰシートを見れば単元全体を通して重要なことを理解できるという気づきは、ＯＰＰシートによって育てられた資質・能力の一つと考えられます。

第3節　教師から見たＯＰＰＡの有効性

ＯＰＰＡの有効性は、学習者の側からだけではなく、教師の視点からも述べておく必要があるでしょう。以下の四点をあげることができます。

1．授業評価や改善のための適切な情報を得ることができる

ＯＰＰシートを開発した意図は、学習者の実態を把握するとともに、その実態に即し

た適切な働きかけを行い、必要な資質・能力を育てることにありました。これは学習者に視点を置いた意図であり、OPPシートにはもう一つの重要な目的があります。それは、教師の授業評価と改善に活用するという目的です。

学習履歴に「授業の一番大切なこと」を書かせるのは、学習者と教師の「授業の一番大切なこと」にずれがあるかないかを見極めるためでもあります。もし、学習者が書いた内容と教師が意図したそれとの間にずれがあるならば、授業に問題があったと判断するのです。要するに、学習履歴の内容を授業の適切性を判断するのに利用するとよいということです。その結果をもとに、次の時間の授業改善につなげていくことができるからです。

授業評価や授業改善は、多くの人の手を煩わせなければできないことが多いですが、OPPシートを使えば教師一人でできるので、いつでもどこでも、またその気になりさえすれば、授業評価と改善が可能です。本書で強調してきたように、授業評価や改善は学習者の資質・能力の育成と表裏の関係にあるため、常に行っていくことが必要なのです。

2．カリキュラム・マネジメントに利用することができる

ここで言うカリキュラムとは、教育内容である単元や節までも含めて考えています。

学習や授業において、たとえば中学校の理科の中で原子や分子の内容を扱うとき、次の二つの展開が考えられます。

一つは、日常に見受けられる化学変化から入って、物質に変化が起こっているのは原子や分子に関係がありそうだから、それを学習するという流れです。

もう一つは、まず原子や分子の考え方を導入し、それを使って日常に見受けられる化学変化を考えてみるという流れです。

これら二つの流れのいったいどちらが望ましいのでしょうか。こうした検証はOPPAを導入することによって可能になります。それは、授業時間数を同じにして、同一のOPPシートを用いて両方の授業を行い、学習履歴などに書かれた内容から両者の適切性を判断するという方法です。このとき授業実施者と学習者は違っても構いません。

これまで、このようなカリキュラム・マネジメントは、具体的な方法がなく、多くは教師の経験や勘などに任されて判断されてきました。OPPAの考え方を導入することにより、この課題を克服することができるでしょう。

3．学習者一人ひとりの発達の最近接領域に働きかけることができる

OPPAの優れている点の一つは、OPPシートを用いて学習者一人ひとりの実態を把握し、それに応じた働きかけが可能になることです。

授業において、学習者の現在成長しつつある水準、つまり発達の最近接領域に働きかける重要性が説かれてずいぶん時間が経過してきました。しかし、この発達の最近接領域をどう見極めるかがきわめて難しいのです。したがって、その重要性と必要性は理解できても、具体的な働きかけが行われず、効果も確認されてきていません。

ＯＰＰシートは、毎時間学習履歴を書かせることにより、学習者一人ひとりの学習状況を把握することができます。そこに表現された内容に対して、教師が毎時間コメントを加えることによって、現下の発達状況に働きかけることが可能になるのです。しかも、それが毎時間行われることになるので、その効果の確認も容易です。

4．学習者一人ひとりとのコミュニケーションが可能になる

前項にも関連して、もう一つ利点をあげておきましょう。中学校や高校の場合は教科担任であるため、なかなか一人ひとりの生徒とコミュニケーションをとることが難しいのですが、それがＯＰＰシートを通して可能になるという点です。小学校のようなクラス担任制の場合は、学校にいる間、行動を共にしていることが多いので、誰に対しても少なくとも一日に一度くらいは話しかけることができます。しかし、中学校や高校では難しいでしょう。極端なことを言えば、一か月もしくはそれ以上、特定の生徒と一言も会話がなかったということも起こり得ます。

そこで、生徒が書いたOPPシートの学習履歴に対して、教師が適切なコメントを加えて返却することにより、間接的なコミュニケーションができるのです。もちろん、直接的なコミュニケーションが一番望ましいことは言うまでもありませんが、実際には、それが不可能であることも多いのです。

間接的なコミュニケーションに頼らざるを得ないときに大切なことは、一方的に伝えるのではなく、可能な限り相手に問いかけ、考えを深めさせ、何らかの回答を求めるようなコメントを返していくことです。つまり、双方向性を可能にするコメントが重要なのです。学習者と教師の心理的な距離を縮めておくことは、学習や授業の成立や効果と関わってきわめて重要であると考えられます。

本章では、学習者の記述から、OPPAの教育効果を検証してみました。OPPAの有効性をもっとも雄弁かつ的確に語ってくれるのは、それを使った学習者をおいて他にありません。

本文中でも言及しているように、OPPAにも課題は存在します。どの学習者に対しても学習の質的向上を可能にする教師の働きかけなどに関する課題については、今後の学習や授業を通して克服していければよいと思います。教育実践の課題は、あくまで現場主義と実学主義で乗り超えることがきわめて重要であると考えているからです。

註

1）たとえば、『東井義雄著作集 1』（明治図書 1972）の「教科の論理と生活の論理」（pp.267-276）などが構成主義の考え方と相通じるものがある。

2）『東井義雄著作集 1』明治図書 pp.137-138 1972

3）同右書 p.145

4）同右書 pp.144-145

5）大村はま『大村はま国語教室 第12巻』筑摩書房 1984

6）上田 薫・静岡市立安東小学校『子どもも人間であることを保証せよ―個に迫る座席表指導案―』明治図書 1988

おわりに

ＯＰＰＡの理論書を書こうと思い立って5年余が経過し、ここに、やっと日の目を見ることができました。「はじめに」で述べたように、とても多くの人たちの支えがあればこそでき上がったものです。心からお礼を申し上げます。

たとえ能力のない自分でも、愚直なまでに思いを込めて事にあたれば、力を出すことができます。子どもや先生たちが教えてくれるから、自分を超えられるのです。自分だけの力では、けっして自分を超えることはできません。それを実感することができました。

ＯＰＰＡは、もともと、たった一枚の紙しか使っていません。何も書かれていなければ、ただの白い紙です。たった一枚の紙に何ができるのでしょうか。

筆者は、その一枚の紙に単なる枠組みを与えたに過ぎません。その枠組みの中に、子どもが真剣に自分の考えを書き込むことによって、あたかも命を吹き込まれたかのように、優れた作品に変わっていったのです。そのＯＰＰシートを読むのが、いつも楽しみでした。なぜならば、そのシートはとても多くのことを訴えかけ、教えてくれたからです。

筆者が、ＯＰＰＡに取り組んで一番大きな学びとなったのは、どの子どもも、こちらの予想をはるかに超えた、すばらしい可能性をもっているということです。教育の世界では、子どもには無限の可能性があると語られる一方で、現実に向き合うと理想論など吹っ飛んでしまうような実態があります。

筆者自身も、理屈ではわかっていたとしても、そんなことは絵空事に過ぎない、と不遜にも思っていました。しかし、ＯＰＰＡの実践を通して、そういう考えをもっていることは、自分がいかに浅はかであったか思い知らされることになったのです。やはり、どの子どもにも、私たちの想定外の世界があります。そのことを知ってから、いつどのように働きかければそれが現れるのかと考えるようになりました。今でもそれを見るのが楽しみでもあり、また、それを引き出せないときは苦しみを感じます。

たとえ、たった一枚の紙であっても、考えの根っこをしっかりもち、理論的枠組みを明確にしながら、それを実践によって実証していく地道な努力を続ければ、かけがえのない財産になっていくということもわかりました。さらに、子どもがその根っこを深く、太くしてくれるということもわかったのです。すべては子どもが教えてくれました。たとえ、こんなものは大した仕事ではないと思われていたとしても、筆者自身は、こういう仕事を続けてきて本当に「よかった！」と思うのです。

ＯＰＰＡには、まだまだ未開拓の内容がたくさんあります。筆者自身にもわかっていない内容もあるでしょう。しかしながら、子どもをとらえて放さない何かをＯＰＰＡがもっていることは間違いありません。子どもの可能性という宝の山を探し求めて、時間の許す限り放浪の旅を続けていきたいと思います。

ＯＰＰシートを使ってくれた子どもたち、および先生方に心からお礼を申し上げます。ありがとうございました。

用語解説

あ

足場かけ

より深い学習を促進するための支援を言う。建物を建築するとき、適切な足場が必要であるように、学習において学習者自身が理解できるように教師がヒントやコメントを与えたり、きっかけを作ったりすること。最終的には、足場は取り外されることになる。

生きる力

文部科学省の中央教育審議会から出された「幼稚園、小学校、中学校、高等学校及び特別支援学校の学習指導要領等の改善について（答申）」（平成20年1月17日）の中で用いられていた用語。「生きる力」とは、「変化が激しく、新しい未知の課題に試行錯誤しながらも対応することが求められる複雑で難しい時代を担う子どもたちにとって、将来の職業や生活を見通して、社会において自立的に生きるために必要とされる力」（同答申、p. 22）である。とりわけ、「自立的に生きる」という表現の中に、メタ認知との共通性を見いだすことができる。「生きる力」は、「確かな学力」に加えて「豊かな人間性」と「健康・体力」の三者から構成される。なお、「生きる力」は平成28年12月21日の中教審答申でも、引き続き用いられている。

OPPA

OPPAとは、One Page Portfolio Assessmentの略。教師のねらいとする授業の成果を、学習者が一枚の用紙の中に学習前・中・後の学習履歴として記録し、その全体を学習者自身に自己評価させる方法。堀 哲夫が2002年に開発。

OPPシート

One Page Portfolioの略。OPPAの目的を達成するために、一枚の用紙を用いて教師が作成するもの。「単元名タイトル」、「学習前・後の本質的な問い」、「学習履歴」、「学習後の自己評価」の四要素から構成。

か

外化

学習者の内部で生じる思考や認知過程を外部に表すこと。

学習目標

学習において学習者がもつ目標を言う。授業の始めから学習目標をもっていることはほとんどないので、学習目標や自己評価を問題にする場合には、授業において学習目標をもつようにする必要がある。OPPシートを利用するには、学習目標を学習者にいかにもたせるかが重要な課題となる。

学習履歴

OPPシート構成する要素の一つ。毎時間、授業終了後、学習者が「授業の一番大切なこと」を記録した内容。授業終了時点における学習者の発達の最近接領域と考えることができる。ここに表現された学習状況をもとに、学習者と教師がそれぞれの自己評価を行い、学習および指導の改善に生かすことを主な目的としている。

学力モデル

理想としての学力像を明確にして、主として、その要素間の関係を図示したもの。

キー・コンピテンシー

OECDが2000年から開始したPISA調査の概念的枠組みとして用いられた用語。PISA調査では、単なる知識や技能だけではなく、技能や態度を含むさまざまな心理的・社会的リソースを活用して、特定の文脈の中で複雑な課題に対応することができる力を見ようとしている。具体的には、三つの要素からなる。一つめは、社会・文化的・技術的ツールを相互作用的に活用する力。二つめは、多様な社会グループにおける人間関係形成能力。三つめは、自立的に行動する能力。

教材研究

教育目標を達成するために、授業において学習者に獲得させる資質・能力を明確にするために行う授業（単元）前・中・後の研究。OPPシートの本質的な問いと深く関わっている。

均衡

同化と調節により認知構造と外の環境を調和させる活動。

形成的評価

学習者の学習状況から、授業の適切性を判断し、その改善を行うための評価。OPPシートの学習履歴は学習状況の把握、評価、改善を行うことができる。

高次の学力

学力の中で、もっとも高いところに位置づけられる学力。「メタ認知」、「生きる力」、「自ら学び自ら考える力」、「キー・コンピテンシー」なども高次の学力と考えることができる。

構成主義

私たちは日常生活において、外界と相互作用をしながら、いろいろな事象を認識していく。そのとき、人は知識や考えを受動的に受け入れるのではなく、主体的に現実や意味を構成し認識していくという立場。OPPシートは、素朴概念がどのように変容し科学的概念にまで高められていくのかを見取り、適切な働きかけを行っているので、構成主義の考え方に基づいている。

さ

自己効力感

自己効力感は、一般的に、所与の課題がどれだけ適切に処理できるかという自信を言うが、本書では学ぶことによる手応えも含めて考えている。

自己調整学習

学習者が自らの学習を動機づけ、統制、制御し、改善する過程。学習者が学習過程に積極的に関与するところに特徴の一つがある。

自己評価

OPPシートを構成する要素の一つ。学習者自身が、自己の学習目標に照らして学習状況を把握し、学習の改善に生かすこと。教師の場合は、指導目標に照らして学習状況の実態から授業の評価を行い、指導の改善を行うための評価。OPPシートでは、学習前・後の本質的な問いの変容に関するもの、学習履歴の変容に関するもの、OPPシートの記述内容全体の変容を振り返るものという三つの自己評価を含めている。メタ認知の育成、学ぶ意味、必然性、自己効力感を感得させるために必要不可欠。

指導目標

授業において教師がもつ目標をいう。一般には、教育目標や学習目標と区別されることなく用いられているが、教育目標、指導目標、学習目標の三者は区別して考える必要がある。

授業のグランドデザイン

診断的評価によって授業前の学習者の実態を押さえ、学習者につけたい力を明らかにし、そのためにどのような具体的な働きかけを行うかを検討した上で、授業実践を通して形成的評価や総括的評価を行うなど、授業の目標・内容・方法・評価を総体的にとらえて構造化したものを言う。

条件的知識・理解

なぜ、いつ実施するかに関する知識・理解を言う。

真正の評価論

学習者に、作為的、断片的な課題ではなく、現実の生活を反映している実態に即した課題に取り組ませ、有効に機能し役に立つ学力を形成し、そのありさまを評価しようとする見解。アメリカで提案された評価論。

診断的評価

学習前の学習者の既有の素朴概念を明らかにして、授業構成を行うための評価。診断的評価の意味は、学習によって素朴概念を科学的概念に変容させるための形成的評価、学習の成果の確認、かつそれを意味づける総括的評価の前提として重要。

宣言的知識・理解

物事に関する知識・理解を言う。

総括的評価

学習者の素朴概念がどのように変容し、最終的にどのような学習の成果が見られたのかを確認すること。学習者の学習成果から、教師が自らの授業評価を行うことも含まれる。また、学習者と教師、双方の自己評価も含まれている。

素朴概念

経験や教育などを通して培ってきた、人が現在もっている知識や考え。子どもにも大人にも存在する。簡単には、既有の知識や考えととらえることができる。ミスコンセプション、プリコンセプション、代替的概念、生活的概念などとも言われる。

た

確かな学力

文部科学省の言う「確かな学力」とは、「知識・技能に加え、自分で課題を見付け、自ら学び，主体的に判断し、よりよく問題を解決する資質や能力」である。

調節

内面の認知構造を環境条件に合うように変化させること。

手続き的知識・理解

どのように実施するかに関する知識・理解を言う。

同化

すでに所有している認知構造に環境を合わせること。

な

内化

外的な操作を自分自身の思考や認知過程内に取り入れ再構成すること。

内省

自己の内部に取り入れた物事や情報について、自分自身の考え方や方法に照らして意図的に吟味する過程。

内化・内省・外化のループ

OPPシートを介して、相互に学習者と教師が思考や認知過程の内化・内省・外化を働きかけ合うこと。学習者と教師それぞれの自己評価が重要になる。

内化・内省・外化のスパイラル化

思考や認知過程の内化・内省・外化のループが、次第に質的に高められながら繰り返されていく状態。

認知構造

学習者が物事を認識する枠組みとしての構造。認知された外界の構造をさすこともある。学習においては、物事を認識するため、認知構造の変容という視点が重要である。

は

発達の最近接領域

ヴィゴツキー（Vygotsky, L.S.）によって提案された考え。学習者の知的発達を考える際に、学習者が現時点において解決可能な問題の水準、および教師など他からの援助や指導によって解決可能な問題の水準の二つがあり、この二つの水準の差から決められる範囲を発達の最近接領域とよぶ。ＯＰＰシートの学習履歴によって具現化された学習状況は、学習者が自分の力で解決できる水準を示していると考えることができる。この内容に対して、ＯＰＰシートは、教師がコメントを加え、次の水準に到達する働きかけを行うことができる。つまり、これが学習者の潜在的可能性に対する働きかけと考えることができる。

パフォーマンス課題

パフォーマンス評価に用いられる課題。表現活動や表現物などの実績や成果を確認できるものが求められる。

パフォーマンス評価

表現活動や表現物などの実績や成果であるパフォーマンスをもとに評価する方法。

ブラックボックス（BB）

機能は明らかになっているのだが、中身がわからない仕組みや状態。本書では、学習者の認知構造に例えている。また、OPPシートは、最初はBBであるが、学習者の学習成果が外化されることによって中身がわかるようになるという関係にあると言える。

プランニング

課題解決の目標を設定し、手段や方法の選択などの一連の計画を立てることをいう。プランニングには、計画と実行の過程や結果との関係を適切に把握し軌道修正を行う等のモニタリングが不可欠。

ポートフォリオ評価

ポートフォリオとは、学習者の制作物、学習活動の記録や教師の指導と評価の記録などを系統的に蓄積したもの。それを評価に活用する方法。

本質的な問い

ＯＰＰシートの学習前・後に設定される問い。単元を通して教師がもっとも伝えたい、押さえたい内容を問いにしたもの。単元を超えて、教科・科目などの本質は何かという問いにつながっている。

ま

学ぶ意味

学習者が授業を通して学習の価値や重要性を認識すること。ＯＰＰシートの自己評価と深く関係している。

学ぶ必然性

学習内容などが学習者にとって必要なものであると認識すること。授業において、学ぶ必然性を学習者に感じ取らせる必要がある。ＯＰＰシートの自己評価と深く関係している。

メタ認知

自分の認知についての認知。自分の思考についての思考。認知の知識・理解と認知の調整から構成される。ＯＰＰシートの自己評価と深く関係している。

モニタリング

自分の学習状況や認知の過程を、もう一人の自分が一段高い立場から監視すること。メタ認知の一部。

ら

ルーブリック

学習者が外化した内容に対して教師が判断する基準となるもの。学習の適切性の度合いを示す尺度と、その尺度の根拠となる認識や行為の特徴を示した言葉から構成される評価指標。

な行

は行

ま行

や行

ら行

さ行

た行

索 引

あ行

か行

著者略歴

堀 哲夫（ほり　てつお）

山梨大学名誉教授・名誉参与。

1948年愛知県生まれ。元山梨大学理事・副学長。

[主な編著書・訳書]

『子ども達はいかに科学理論を構成するか―理科の学習論―』（共訳）東洋館出版社、1988

『子ども達は理科をいかに学習し教師はいかに教えるか―認知論的アプローチによる授業論―』（共訳）東洋館出版社、1990

『理科教育学講座5　理科の学習論（下）：構成主義学習論』東洋館出版社、1992

『理科教育学とは何か―子どもの科学的概念の形成と理解研究を中心にして―』東洋館出版社、1994

『問題解決能力を育てる理科授業のストラテジー―素朴概念をふまえて―』（編著）明治図書、1998

『学びの意味を育てる理科の教育評価―指導と評価を一体化した具体的方法とその実践―』東洋館出版社、2003

『子どもの学びを育む 一枚ポートフォリオ評価 理科』（編著）日本標準、2004

『子どもの成長が教師に見える 一枚ポートフォリオ評価　小学校編』（編著）日本標準、2006

『子どもの成長が教師に見える 一枚ポートフォリオ評価　中学校編』（編著）日本標準、2006

『授業と評価をデザインする 理科』（共著）日本標準、2010

『理科授業力向上講座―よりよい授業づくりのために―』（編著）東洋館出版社、2010

『教育評価の本質を問う 一枚ポートフォリオ評価OPPA－一枚の用紙の可能性－』東洋館出版社、2013

『自主学習ノートへの挑戦－自ら学ぶ力を育てるために－』（共著）東洋館出版社、2014

新訂
一枚ポートフォリオ評価 OPPA
一枚の用紙の可能性

2019（令和元）年 8 月 11 日 初版第 1 刷発行
2024（令和 6 ）年11月 25 日 初版第 9 刷発行

著　者　堀 哲夫
発行者　錦織圭之介
発行所　株式会社 東洋館出版社
〒101-0054　東京都千代田区神田錦町 2 丁目 9 番 1 号
コンフォール安田ビル 2 階
代　表　電話 03-6778-4343 ／ FAX 03-5281-8091
営業部　電話 03-6778-7278 ／ FAX 03-5281-8092
振　替　00180-7-96823
URL https:// www.toyokan.co.jp
装　丁　水戸部功
印刷・製本　藤原印刷株式会社

ISBN978-4-491-03727-1 ／ Printed in Japan